「これ英語で何と言うの？」

身の回りのモノ・コト
英 語 小 辞 典

豊住　誠 著

クリストファー・メイヨー 英語校閲

皇學館大学出版部

はじめに

　令和2年度より教科として小学校における英語教育が始まった。学習指導要領には、英語以外の教科の内容との関連について、「他の教科等で児童が学習したことを活用したり、学校行事で扱う内容と関連付けたりする」とされている。実際に多くの小学校では、校長室、職員室、理科室などのプレートを英語でも併記するというような工夫が見られる。しかし、室内外にあるすべての備品に英語名を記すことは不可能である。

　筆者の教え子の一人である小学校教員によれば、児童は身の回りのものを英語で何と言うのかにますます興味を示すようになってきており、理科であれば理科室にある備品、音楽であれば音楽室にある楽器などについて、「これ英語で何と言うの？」という質問が以前にも増して多くなったとのことである。その先生は可能な限り調べて回答しているが、時間的にも限界がある。確かに小学生対象のピクチャーディクショナリー的なものは多数出版されているが、小学校教員にとっては不十分である。小学校にあるものや小学校で教える事柄を英語で何というのかを示してくれるような辞典があれば、という声は小学校英語の授業指導に赴いた際によく聞く。

　また、小学校英語の教科化に伴い、近年の小学校教員採用試験では小学校にあるものや授業で取り扱うものが出題される傾向にあり、ある県では令和2年度は tweezers（ピンセット）、令和3年度は compass（方位磁石）が出題された。小学校教員を目指す学生からも、大学受験や英語資格試験対策の英単語集ではなく、小学校教員のための英単語集を望む声がある。本書の契機となったのは、小学校で扱う内容をどのように英語で表現するのかがわかる単語集はないですか、というゼミ生からの質問であった。

　このような経緯で誕生した本書は、主に小学校教員やそれを目指す学生のための単語集である。小学校で習う事柄は学習指導要領、教科書、学習参考書等から精選して収集し、小学校にあるものや、小学生の身近にあるもの、そして日常生活という観点からも用語を収集した。発展的項目として中・高等学校の学習内容も含まれている。その結果として本書で取り上げた約3,000語は、中・高等学校の英語教科書や高校入試・大学入試ではあまり見かけないが、実生活において用いられる単語を集めたものとなった。

本書のもう一つの特徴は、英語に関する一般的な読み物としても通用する小辞典を目指したことである。単に日本語の単語に対応する英語の訳語を提示するだけでなく、語源や用例、文化的背景などの情報も掲載した。例えば、「内閣」は a cabinet であるが、なぜ「戸棚」と同じ表現なのか、２院制の議会は the Upper House（上院）、the Lower House（下院）とも呼ばれてるが、なぜ「上、下」なのか、「閏年」は a leap year であるが、なぜ leap（跳び越えること）なのか、「何を」leap するのか、といったことはあまり知られていない。こういった事柄は、たとえ知らなくても英語使用上の支障はないが、「言葉の豊かさ」（学習指導要領）に関わることでもあると考え、注記を充実させた。また、日本的事象（国語・日本史・日本文化に関わる単語）については、それを英語で説明する際にも役立つように心がけた。そのため、本編は五十音順やアルファベット順ではなく、関連のある語が連続するように配列した。

　本書は、日本中世史専攻で日本語や日本文化にも造詣が深い皇學館大学文学部のクリストファー・メイヨー教授に英語校閲をしていただいた。すべての内容について綿密に校閲して頂いたことに感謝申し上げる。

　また、本書出版については皇學館大学出版部には格段の配慮を賜ったのでここに記して謝意を示したい。

令和４年７月31日

豊　住　　誠

本編参考文献：研究社『英和中辞典』、『和英中辞典』、『英和大辞典』、『和英大辞典』、大修館『ジーニアス英和大辞典』、Oxford Advanced Learner's Dictionary 8th edition（OALD）、Oxford Dictionary of English（ODE）、三省堂『大辞林』（以上電子版含む）他。

表紙写真：ロンドンにて筆者撮影（2012年５月20日）

目　　　次

第1章　教室

教室の中にあるもの・授業・持ち物など

学校	a school

ギリシア語の語源は「余暇」で、余暇を教育に充てたとされる。

先生	a teacher

英語の a teacher は「教員」というイメージで、敬意は伴わない。日本語の「先生」には「ものごとを教える人」という意味の他、教員や医師、弁護士、作家、議員などの敬称として用いたり、これらの人々への呼びかけや代名詞的に用いたりするが、このすべてに相当する英語の表現はない。武道では、敬意を込めた呼びかけとして sensei を用いることもある。

友だち	a friend

同じクラスの「友だち」は a classmate（同級生）と言い、「親友」は a close friend と言う。恋愛感情を伴う場合は a boyfriend、a girlfriend を用いる。「親密な」という意味の intimate を用いて、an intimate friend とすることもできるが、性的関係を示唆することもある。

先輩	a senior

英語の a senior には「年上」という意味の他、「先任、上席、上級生」などの意味があるが、日本語のように敬称や呼びかけ、代名詞的には用いない。反意語の「後輩」は a junior という。ビジネスの場面では、日本語の「先輩・後輩（senior–junior）」の関係に近いものとして、a mentor（「指導者、教育係、（大学の）指導教員」という意味。尊敬の念を伴うことがある）と a trainee（「訓練を受ける人」という意味。反意語の a trainer は「訓練する人」）がある。

相性	chemistry

「化学」と同じ単語。compatibility とも言う．「相性が良い」は to hit it off well とも言う。

算数	arithmetic

ギリシア語の語源は「計算の方法」。mathematics（数学）のギリシア語の語源は「学ぶべきもの、学ばれたもの」であると言われている。

理科	science

ラテン語の語源は「知識」。

音楽	music

ギリシア語の語源は「芸術の神々ミューズ（the Muses）の技」。ミューズは9姉妹とされる。

美術	art

ラテン語の語源は「(職人的) 技術」。

ランドセル	a backpack

「ランドセル」はオランダ語の ransel（歩兵用背嚢とする説あり）に由来する。「リュックサック（a rucksack）」も a backpack であるが、登山用の大型のものを指すことが多く、ドイツ語の Rucksack に由来する。小型の「リックサック」を「ナップサック（a knapsack）」と言う。

手提げ袋	a tote bag
上履き	a pair of indoor shoes (slippers)
黒板ふき	a blackboard eraser
黒板ふきクリーナー	a blackboard eraser cleaner
塵取り	a dustpan
モップ	a mop
ほうき	a broom

雑巾	a cleaning rag
掲示板	a bulletin board
掃除用具箱	a cabinet for cleaning equipment

ロッカー　a locker
一般的には鍵つきのものを指すが、鍵のない棚を指すこともある。鍵のないものは storage box とも言う。

温度計　a thermometer
「～°」は～degrees（1の時は単数形）と読む。

湿度計　a hygrometer
「～%」は～percent と読む。

| 教卓 | a teacher's desk |
| ゴミ箱 | a trash can |

歴史年表　a chronological table
a chronology timeline とも言う。

| 世界地図 | a map of the world |
| 日本地図 | a map of Japan |

模造紙　extra-large paper for a classroom presentation
四六判と呼ばれる788mm × 1091mm の洋紙のこと。「教室での発表のための大判の用紙」という説明になる。愛知・岐阜では B 紙、佐賀・熊本などでは広用紙（ひろようし）、新潟では大洋紙（たいようし）と称される。「模造紙」とは元は和紙を模した洋紙の意味。

学級通信　a class newsletter
「発行する」という動詞は通例 publish だが、学級通信は学習資料としての意味合いがあり無償配布なので、hand out がよい。

プリント　a handout
動詞句 hand out（配布する）の名詞表現。

| 換気扇 | a ventilation fan |

日課表　a daily schedule
a (school) timetable とも言う。

時間割表　a class schedule
a (school) timetable とも言う。

| 学級文庫 | a classroom library |

今日の目標　today's aim
today's goal とも言う。

年間目標	a yearly goal
給食献立表	a school lunch menu
掃除当番表	a cleaning duty schedule

水筒	a water bottle

保温機能のあるものは thermos（商標名が一般名詞化したもの）と言う。

コンセント	an outlet

「コンセント」は和製英語で concentric plug（同心円状のプラグ）が語源という説がある。outlet は「出口」の意味で、「直販店」も意味する。イギリスでは a (wall) socket と言う。

延長コード	an extension cord
マジック	a marker (pen)

a magic marker とも言うが、「マジック」は商標名。

マーカー	a highlighter

「蛍光ペン」のこと。highlight は「目立たせる」という意味。

コンパス	a compass

a compass には「方位磁石」の意味もある。

分度器	a protractor
三角定規	a triangle
シャープペンシル	a mechanical pencil

sharp pencil は文字通り「（芯の）尖った鉛筆」を意味する。シャープペンシル（シャーペン）は和製英語。電機メーカー「シャープ」の創業者早川徳治氏が改良し、命名したとされる。

付箋	a Post-it Note

商標名であるがそのまま用いる。

ホッチキス	a stapler

「ホッチキス」は発名者名とされ、商標名。「（ホッチキスの）針」は staple と言う。

懐中電灯	a flashlight
防犯ブザー	a personal alarm

携帯用のものを指す。家庭や商店などに設置される「防犯ブザー」は a burglar alarm と言う。

セロハンテープ	cellophane tape

セロテープ、Sellotape、Scotch tape は商標名。

メモ帳	a notepad
クリアファイル	a plastic file folder
スケジュール帳	an organizer

「システム手帳」は an organizer または a personal organizer と言う。

鉛筆削り	a pencil sharpener
HB（鉛筆）	an HB pencil

H は hard、B は black という意味。日本とヨーロッパでは硬度表記は同じであるが、アメリカでは B を #1（number one と読む）、HB を #2、H を #3 と呼ぶこともある。

クーラー	an air conditoner

cooler は「冷却器、保冷箱」を意味する。an air conditioner とは「空気を調整する装置（空調）」という意味。調整とは冷却と除湿の機能を意味する。「エアコン」は和製英語。

テレビ	a display

テレビ番組を視聴する場合は TV を用いるが、動画や静止画、授業資料を映し出す装置は a monitor もしくは a display と言う。

蛍光灯	a fluorescent light

帯活動	a brief, regular activity

先着順	first-come first-served

on a first-come first-served basis で「先着順に」という意味。

第2章　職員室

職員室・校長室にあるもの

職員室	the faculty room

the staff room、teacher's room とも言う。

校長室	the principal's office
月間予定表	a monthly schedule
出勤簿	an attendance book
校内放送	the school PA system

PA は public address の頭文字語で、拡声設備を意味する。

耐火金庫	a fireproof safe
応接室	a reception room
会議室	a meeting room
歴代校長写真	portraits of former school principals
校区（地図）	the school district（map）
通学路（地図）	(the map of) roads students use to commute
制服	the school uniform
学校運営方針	school management policies
コピー機	a copying machine、a copy machine、a copier
印刷機	a printing machine
事務用品	office supplies

「消耗品」は consumables と言う。

事務用備品	office equipment
刺股（さすまた）	a man catcher

a catchpole とも言う。

児童名簿	a list of students
職員名簿	the staff list
指導要録	a student's permanent record

permanent はここでは「半永久的」という意味。a (cumulative) guidance record とも言う。
cumulative は「累積の」という意味。

デスクトップ・パソコン	a desktop computer

「パソコン」は personal computer を由来とする和製英語。共用の「メインフレーム・コンピューター
(a mainframe computer)」ではなく「個人用」という意味。desktop は「机上の」という意味。

ラップトップ・パソコン	a laptop computer

lap は「膝」という意味で、laptop は「膝の上に置いた」という意味。

ノート・パソコン	a notebook computer

a laptop computer より小型のものを指す。

タブレット	a tablet computer

Tablet PC は商標名。tablet はこの他「錠剤、銘板（建築物）、石盤（昔の学習用具）、通票（鉄道）」などの意味がある。

DVD	a DVD（disc）

DVD は a digital versatile disk（デジタル多目的ディスク）の頭文字語。V を video とする説もある。

USB	a flash drive

USB は universal serial bus（コンピューターに周辺機器を接続する際の規格）の頭文字語であって、記憶装置のことではない。英語では正式には a flash drive と言うが、a USB drive、a memory stick も可。flash とは「瞬間」的に書き込み・読み出しができることに由来する。

単元	a unit

学習指導要領	MEXT's Course of Study

「文部科学省」は The Ministry of Education, Culture, Sports, Science and Technology と言う。各語の頭文字を集めた MECSST の発音に従って「MEXT」を略称としている。「小学校（中学校、高等学校）学習指導要領」は The Course of Study for Elementary Schools（Junior High Schools, Senior High Schools）と言う。course of study は「学習の道筋」という意味合い。

第3章　教員の業務

教員の日常業務や分掌など

知育 徳育 体育	intellectual, moral, and physical education
職員会議	a staff meeting
朝の打ち合わせ	the morning meeting

異なるメンバーで複数回行う場合は a morning meeting とも言う。

通勤時間	commuting time
通学指導	guiding children safely across intersections on a school route

主に交差点 intersections で行われているので、通学指導に立つ人を a crossing guard とも言う。

欠席の電話連絡	an absence reported by telephone
連絡帳	a correspondence notebook for parents and teachers
家庭訪問	a teacher's home visit
学年会議	a staff meeting by school grades
教科会議	a staff meeting by subject

「英語科会議」は a staff meeting by English teachers または an English teachers' staff meeting と言う。

校務分掌	the assignment of school duties
教務委員会	the academic affairs committee
生活指導委員会	the student guidance committee

the disciplinary committee とも言うが、discipline は「しつけ」や「処分」などの意味を伴う。

保健委員会	the health committee
美化委員会	the school clean-up committee
国際理解委員会	the international understanding committee
図書委員会	the library committee
人権委員会	the human rights committee
レクリエーション委員会	the recreation committee
生活指導	student guidance

student discipline とも言う。discipline は「しつけ」という意味。

朝の会	a morning meeting
帰りの会	an afternoon meeting
成績表	a report card
クラス担任	a homeroom teacher
校長	the principal
副校長	a vice-principal

1名の場合は the ～ of the school と言う。

教頭	a head teacher

１名の場合は the ～ of the school と言う。

学年主任	a year head

「第 3 学年主任」は the third year head と言う。

主幹教諭	a senior teacher

senior は「年長の」の他に「経験豊富な」や「上席の」という意味がある。

指導教諭	an advanced skill teacher
司書教諭	a librarian-teacher
養護教諭	a nurse-teacher

a school nurse とも言う。

非常勤講師	a part-time teacher
事務長	an office manager
事務職員	a member of the administrative staff
校務員	a school caretaker
PTA 会長	the chairperson of the PTA

PTA は Parent-Teacher Association の頭文字語。

PTA 総会	a general meeting of the PTA
PTA 役員	a PTA board member
保護者	a parent/guardian

親ではない人が保護者である場合もあるので、このように記すとよい。読み方は a parent or guardian。
「保護者会」は、保護者を構成員とする組織を表す場合は、the parent guardian association と言い、
教師との懇談会を指す場合は a parent/guardian-teacher meeting と言う。

学校運営協議会	a community school council
地域学校協同本部	a community-school cooperation committee
教育実習生	a practice teacher

「教育実習（を行う）」は (do) practice teaching と言う。a student teaching intern も言う。

現職教員	an in-service teacher
希望退職	voluntary retirement
勧奨退職	an early retirement incentive
退職教員	a retired teacher
再任用教員	a reappointment teacher
戒告	a formal warning
停職	a suspension (from one's job)
解雇	a dismissal

discharge とも言う。

教育長	the chairperson of the board of education

教育委員	a member of the board of education

教育委員会	a board of education

「県教育委員会」は prefectural、「市町村教育委員会」は municipal を付加する。

指導主事	a teacher consultant

研修主事	an in-service training supervisor

研究授業	a demonstration lesson

教育実習生が行う研究授業を地域によっては「特練」と称するが、これも a demonstration lesson である。

指導案	a teaching plan

a lesson plan とも言う。「細案」は a detailed teaching plan、「略案」は a simplified teaching plan と言う。

不登校	a student refusing to attend school

英語では a truant student とも言うが、truant は「無断欠席の」という意味なので、状況を正確に捉えていないこともある。

試験監督（者）	a supervisor

アメリカの大学では a proctor、イギリスの大学では an invigilator と言うことが多い。

カンニング	cheating

cheat は「ごまかしをする」という意味。cribbing とも言う。英語には cunning という単語があるが、これは「ずるい、悪賢い」という意味で、試験の不正行為という意味はない。「カンニングペーパー」も和製英語で、英語では a cheat（もしくは crib）sheet と言う。

依怙贔屓	favoritism

就職に際しての依怙贔屓（身内や友人を採用すること）は nepotism（縁故主義）と言う。先生に気に入られている児童生徒を揶揄して a teacher's pet と言うこともある。

学級崩壊	the collapse of classroom discipline

a classroom breakdown とも言う。

保健室登校	a student studying in the healthcare room

議事録	the minutes (of a meeting)

時間の単位である「分」の minute と同じ語。「小さい、細かい」が語源。

顧問	an advisor

児童生徒が就く「部長」は運動部の場合は captain、文化部の場合は chairperson や president と言う

出張	a business trip

年次休暇	annual paid leave

産休	maternity leave

正式には「産前産後休業」と言い、「労働基準法（Labor Standard Act）」で定められている。

育児休業	childcare leave

「育児休業」は 1 歳未満の子ども、「育児休暇」は就学前の子どもを持つ者が対象であるが、英語では区別しない。「育児時間」は time off for childcare と言う。

病気休暇	sick leave

介護休暇	caregiver leave

「介護休暇」は短期のものを言う。長期にわたる場合は「介護休業」と言う。「介護時間」は time off for caregiving と言う。

対面授業	an in-person class

a face-to-face class とも言う。

オンライン授業	an online class

授業実施方法としての「遠隔授業」は distance learning と言う。

合理的配慮	reasonable accommodation

シンポジウム	a symposium

「公開討論会」のこと。ギリシア語の語源は「一緒に酒を飲むこと」であると言われている。

アンケート	a questionnaire

「アンケート」はフランス語の enquête に由来する。

第4章　校舎

玄関・廊下・階段・トイレなどの校内施設

正面玄関	the main entrance

校内に一つしかないものは the をつける。

手すり	a handrail
踊り場	a landing
右側通行	keep to the right

「右側通行する」は walk on the right-hand side と言う。

優勝旗	a championship pennant

a championship flag とも言う。

トロフィー	a trophy

第一音節 [ou] に強勢。

賞状	a certificate of achievement
下駄箱	a shoe shelf

形などによって a shoe box、 a shoe cabinet、 a shoe cupboard などとも言う。cupboard は「棚」を意味する。

靴紐	a shoelace

a shoestring も言う。

靴べら	a shoehorn
靴磨き	shoe polishing
傘立て	an umbrella stand
スノコ	a slatted board
下駄	(a pair of) wooden sandals
便座	a toilet seat
小便器	a urinal
トイレのスリッパ	(a pair of) toilet slippers

「(スリッパなどを) 揃える」は line up the slippers と言う。

職員玄関	the staff entrance
生徒玄関	the students' entrance
校門	a school gate

「正門」は the school's main gate と言う。

点字ブロック	a braille paving tile

「点字」は考案者であるフランス人のブライユに因んで braille と言う。

防犯カメラ	a security camera
火災報知器	a fire alarm
消火器	a fire extinguisher

バリア・フリー　　　　　　　　barrier-free

建造物の段差など物理的な障壁をなくすことを意味する。より幅広い概念に universal design（UD と略すことがある。全ての人々が使いやすいと感じる設計のこと）があり、この考えに基づく印字フォントもある。

第5章　図書館

図書館や図書館の業務など

閲覧机	a reading desk
a readers' desk とも言う。	
カウンター	the counter
「貸し出しカウンター」は the circulation desk と言う。	
図書閲覧票	a request slip
an application form for browsing books とも言う。	
ブックトラック	a book truck
(本を) 借りる	check out (a book)
borrow とも言う。賃借の場合は rent を用いる。	
(本の) 貸し出し	book loan
貸し出し中 (の)	(out) on loan
貸し出し期間	a loan period
a lending period も言う。	
禁帯出 (の)	reference only
not for circulation とも言う。	
返却	book return
「返却カウンター」は returns と言う。	
返却ポスト	a book drop
視聴覚資料	audio-visual materials
司書	a librarian
「司書教諭」は a librarian-teacher と言う。	
十進分類	the Nippon Decimal Classification
「デューイ十進分類法」は the Dewey Decimal Classification (DDC)と言う。	
総記 (図書分類)	General Works
哲学 (図書分類)	Philosophy
宗教 (図書分類)	Religion
歴史 (図書分類)	General History
地理・地誌・紀行 (図書分類)	Geography, Travel, Atlas
社会科学 (図書分類)	Social Sciences
自然科学 (図書分類)	Natural Sciences
技術、工学 (図書分類)	Technology, Engineering
家政学・生活科学 (図書分類)	Domestic Arts and Sciences
産業 (図書分類)	Industry and Commerce
芸術・美術 (図書分類)	The Arts, Fine Arts

スポーツ・体育（図書分類）	Sports and Physical Training
言語（図書分類）	Language
文学（図書分類）	Literature
百科事典	an encyclopedia
図鑑	an illustrated reference book

第5章

第6章　学校行事

年間行事など

遠足 an excursion とも言う。	a one-day field trip
教育旅行	an educational trip
修学旅行 日本のような修学旅行がない国や地域があるため、「教育目的で行われる宿泊を伴う旅行」と説明する必要がある。	an annual school excursion for educational purposes with at least one overnight stay
引率者 通常の団体観光旅行の代表者は a tour leader と言う。	a teacher leading a school trip、a chaperon
身体測定	a physical measurement
歯科検診	a dental examination
運動会 国や地域によっては、日本のような盛大な運動会はなく、自由参加のレクリエーション行事である。	an athletic meet
文化祭	a school festival
国旗	a national flag
校旗	a school flag
演台 a podium とも言う。	a speaker's desk
花台	a flower stand
始業式	an opening ceremony
終業式	a closing ceremony
入学式 入学式の無い国や地域もある。	an entrance ceremony
卒業証書 日本のような小学校・中学校の卒業証書がなく、高校卒業時のみに交付される国や地域もある。	a diploma
卒業式 小学校、中学校では卒業式は盛大ではなく、高校卒業時のみ盛大に行う（式後のパーティーを prom と言う）国や地域もある。	a graduation ceremony
広蓋 「蓋」と称するのは、古くは公式に物品を授与する場合、箱に入れて運び、その蓋に載せて与えたことに由来する。	a large lacquered wooden tray (for diplomas)
白布	a white cloth
来賓 来賓は赤い薔薇の胸章、主催者は白い薔薇の胸章を付けることが一般的。	a guest
離着任式 an arrival and farewell ceremony (for transferring staff) も言う。	a ceremony for transferring staff

祝辞	a congratulatory speech

speech の代わりに address を用いてもよい。

卒業アルバム	a yearbook

an album は写真や切手やサインなどをストックしておく冊子を指す。

国歌	the national anthem

校歌	the school song

母校	alma mater

ラテン語で「育ての母親」という意味。

儀式的行事	a ceremonial event

文化的行事	a cultural event

健康安全・体育的行事	a health and safety event or a sports activity

遠足・集団宿泊的行事	an excursion or group overnight event

勤労生産・奉仕的行事	a working or volunteer event

第7章　給食

献立・給食調理室の設備など

ボンベ	a gas cylinder

「ボンベ」はドイツ語の Bombe に由来する。

冷凍庫	a freezer
冷蔵庫	a refrigerator
回転釜	a rotary kiln
オーブン	an oven
フラーヤー	a fryer
フードプロセッサー	a food processor
真空冷却器	a vacuum freezer
皮剥器	a peeler
シンク	a kitchen sink
超音波洗浄機	an ultrasonic washer
殺菌庫	a sterilizer
ガス炊飯器	a gas rice cooker
調理室	a kitchen
食物アレルギー	a food allergy

「アレルギー対応食」は a meal for food allergy sufferers、もしくは an allergy-friendly meal と言う。

業務用大型扇風機	an industrial-use fan
台秤	a platform scale
ガステーブル	a gas range
配膳ワゴン	a food wagon
給湯ボイラー	a water heater
手洗い器	a washbasin
収納棚	a storage cabinet
パンラック	a bread rack
給食調理員	a school cook
粉ふきいも	powdered potatoes
イカのマリネ	marinated squid
生姜焼きの	ginger-grilled ~
ゼリー	jelly
肉じゃが	meat, potatoes, and onions stewed in soy sauce and sugar

照り焼きの	broiled in soy sauce

teriyaki とも言う。

鯵フライ	horse mackerel deep-fried in breadcrumbs

クリームシチュー	chicken and vegetables stewed with cream

「鶏肉と野菜のクリームシチュー」という意味。

タケノコご飯	steamed rice with bamboo shoots

麦飯	boiled rice and barley

米と麦を混ぜるので、rice and barley とする。

中華スープ	Chinese soup

麻婆豆腐	tofu fried with minced meat and chili peppers

八宝菜	a combination stir fry

stir-fried vegetables, meats and seafoods とすればより分かりやすい。中国語の「雑炊」に由来する chop suey とも言う。

豚汁	pork and vegetable miso soup

豚丼	a pork rice bowl

詳しく説明したい場合は、a steamed rice bowl topped with pork とする。

牛丼	a beef rice bowl

詳しく説明したい場合は、a steamed rice bowl topped with beef とする。

天丼	a tempura rice bowl

詳しく説明したい場合は、a steamed rice bowl topped with tempura とする。

鯖の塩焼き	grilled mackerel sprinkled with salt

春巻き	a crispy pan-fried spring roll

crispy は「かりかりした」、pan-fried は「フライ○案で炒めた、焼いた」という意味。

（焼き）餃子	a fried dumpling

詳しく説明したい場合は、a Chinese-style dumpling, fried and crescent-shaped, stuffed with minced pork and vegetables とする。

シュウマイ	a steamed dumpling

詳しく説明したい場合は、a Chinese-style dumpling, steamed and shaped round like a flower, stuffed with minced pork and vegetables とする。

ハンバーグ	a hamburg steak

日本のハンバーグと同一のものはアメリカではあまり見かけないが、近似のものとして Sailsbury steak がある。a hamburger（ハンバーグ）から buns（パン）を取り、a patty（パティ）を焼いたものであるから、hamburger without buns と説明するとわかりやすい。

第8章　国語科

国語科・書写で学ぶこと

昔話	a folk tale
神話	a myth
漢字	a Chinese character、a kanji、a character

説明する際には、an ideogram（表意文字）とする。アルファベットのような「表音文字」は a phonogram と言う。

象形文字	a pictograph

説明する際には、a category of Chinese characters which originated from an image of something（事物のイメージを起源とする漢字の分類）とする。

指事文字	an ideograph

説明する際には、a category of Chinese characters which originated from a representation of an abstract phenomenon（抽象的事項を表現することを起源とする漢字の分類）とする。

形声文字	a phonetic ideograph

説明する際には、a category of Chinese characters which are composed of a part that represents the pronunciation and another part that represents the meaning（発音を表す部分と意味を表す部分から成り立つ漢字の分類）とする。

会意文字	a compound ideograph

説明する際には、a category of Chinese characters which are composed of a combination of two or more characters to represent a new thing or concept（複数の漢字が組み合わさって新たな意味をもつようになった漢字の分類）とする。

平仮名	hiragana、the hiragana syllabary

説明する際には、the standard Japanese phonetic script または a Japanese phonogram of a syllable that evolved from a cursive kanji（漢字の草書から発達した、日本語の音節を表す表音文字）とする。

片仮名	katakana、the katakana syllabary

説明する際には、a Japanese phonogram of a syllable using several strokes of a kanji（漢字の一部分を用いた、日本語の音節を表す表音文字）とする。

ローマ字	romaji、Roman letters

説明する際には、a way of writing Japanese using the Roman alphabet とする。ローマ字表記の方法として、「訓令式（the Kunrei system）」と「ヘボン式（the Hepburn system）」があるが、より実際の発音に近いヘボン式の方が英語圏の人にとっては読みやすい。

国字	a Japanese character

平仮名（the hiragana syllabary）や片仮名（the katakana syllabary）を指す場合と、漢字の成り立ちに倣って日本で作られた文字（a character that was created in Japan）を指す場合がある。または、ある国の書記体系（a writing system）を指す。

句読点	a punctuation mark

「、」や「。」のこと。日本語には本来句読点はなかったが、明治以降子どもの教育目的で導入されたと言われている。そのため、賞状や年賀状などの文章には句読点を用いない。

品詞	a part of speech

近年では word classes（語の類型）という言い方もある。

主語	a subject

日本語の「〜は」に当たる部分は係助詞としても作用し「ぼくは味噌ラーメンだ」のように「主題 (a theme)」としての機能も持つ。

述語	a predicate

修飾	a modification

「修飾語」は modifier と言う。

被修飾語	a modified word

連体詞	an adnominal adjective

現代文	modern Japanese

古文	classical Japanese

classic には「一流の、権威ある」という意味もある。

和歌	a Japanese poem

「和歌」は「漢詩」に対する日本独自の詩を指す。

短歌	tanka

説明する際には、a short Japanese poem with lines that generally follow the syllabic pattern 5-7-5-7-7 とする。

俳句	haiku

説明する際には、a short Japanese poem with lines that generally follow the syllabic pattern 5-7-5 とする。

季語	a season word

漢文	Chinese classics

学校で扱うのは主に中国古典であるが、文脈によっては Chinese writing、Chinese text を用いる。

漢詩	a Chinese-style poem

日本人の作による場合は、a Chinese-style poem by a Japanese author と言う。

故事成語	an idiomatic expression that originated in a Chinese fable or historical event

「中国の寓話や歴史的出来事に由来する熟語」という意味。

ことわざ	a proverb

the Proverbs は「(聖書の) 箴言」という意味。

慣用句	an idiomatic expression

文語体	a literary style

classical style とも言う。

口語体	a colloquial style

conversational style とも言う。

話し言葉	spoken language

書き言葉	written language

毛筆	a writing brush、a calligraphy brush

calligraphy は、芸術性の高い装飾的書体を指し、必ずしも筆書き（brush writing）とは限らない。

硬筆	a pen or pencil

書写	handwriting practice with a model

「手本をもとにして手書きすること」という意味。「**手本**」は a handwriting model for copying と言う。

ペン習字	penmanship

はらう	fade

説明する際には、make **a sweeping motion** at the end of a stroke とする。

はねる	flick

説明する際には、make **an upward motion** at the end of a stroke とする。

とめる	stop

説明する際には、make **a full stop** at the end of a stroke とする。

なぞる	trace

trace the model で「手本をなぞる」という意味。

音読	reading aloud

黙読	reading silently

原稿用紙	a manuscript paper

「四百字詰め原稿用紙」は a manuscript paper with four hundred squares for four hundred characters と言う。

説明文	explanatory style
通信文	correspondence style
報告文	report style
記録文	documentary style
報道文	newspaper style
論説文	editorial style
日記	a diary
手紙	a letter
物語	a story
登場人物	a character
演劇	a drama
喜劇	a comedy

a comedy は「喜劇」であり、happy ending で funny な劇や映画を指す（OALD）が、本来は「悲劇」の対比としての劇を指す（例：ダンテの「神曲」は The Divine Comedy である）ので、必ずしも funny なものとは限らない。滑稽な笑いを追求したものは **a farce**（笑劇）と言う。

悲劇	a tragedy

読み聞かせ	reading to someone
あらすじ	an outline
送り仮名	kana that follow verbs and adjectives written in kanji to complete the word
読み仮名	kana included above or alongside a kanji to indicate its pronunciation

「ルビを振る」の「ルビ (ruby)」は、振り仮名用の活字のサイズを指す。

改行	a line break

コンピューターのキーボードでは the enter key と言う。

漢語	a word or expression from classical Chinese
和語	a word or expression that originated from Japanese
外来語	a word or expression that originated from a Western language
敬体	polite style
常体	regular style
丁寧語	polite usage
尊敬語	honorific usage
謙譲語	humble usage

humble は「へりくだった」という意味。

楷書	block style
行書	semicursive style

semi-は「半〜」、cursive は「筆記体の」という意味。

草書	cursive style
筆圧	writing pressure
筆順	the stroke order in a character
部首	a key element of a character

「漢字を構成する重要部分」という意味。a radical とも言う。

画数	the number of strokes of a kanji
横画	a horizontal stroke
縦画	a vertical stroke
話し合い	a discussion
司会	a moderator
話しをまとめる	to conclude a discussion

授業のまとめの場合は、to sum up the contents of today's class、話し合いの内容を要約する場合は、summarizing the meeting と言う。

気持ち、心情	feelings
同義語	a synonym
対義語	an antonym
同音異義語	a homonym
上位語	a hypernym
下位語	a hyponym
序論	an introduction
本論 the body とも言う。	the main part
結論	a conclusion
段落	a paragraph
紹介	an introduction
提案	a proposition
推薦	a reference
案内	a guide
比喩	a metaphor
反復	repetition
倒置 「倒置文」は an inverted sentence と言う。	inversion
体言止め 「体言止めをする」は end～と言う。	ending a sentence with a noun or a pronoun
活用形 英語では日本語の「形容動詞」に相当するものが形容詞に分類される。That flower is beautiful. は形容詞の叙述用法（a predicative use of an adjective）であるが、日本語では「その花はきれいだ」という形容動詞となり、That beautiful flower is a tulip. は形容詞の限定用法（an attributive use of an adjective）であるが、日本語では「あのきれいな花」という形容詞となる。	inflection（of verbs and adjectives in Japanese）
単文 英語の「単文」も同じ。	a simple sentence
重文 英語の「重文」も同じ。	a compound sentence
複文 英語の「複文」も同じ。	a complex sentence
熟語	a phrase composed of two or more characters
音読み	a Chinese reading of a character
訓読み	a Japanese reading of a character

重箱読み	a way of pronouncing a two-character compound with a Japanese reading for the first character and a Chinese one for the second character

「熟語の上の文字は訓読みで、下の文字を音読みで読む読み方」という意味。

湯桶読み	a way of pronouncing a two-character compound with a Chinese reading for the first character and a Japanese one for the second character

「熟語の上の文字は音読みで、下の文字を訓読みで読む読み方」という意味。

順接	a copulative conjunction

copulative は「連結的な」という意味。

逆接	an adversative conjunction

adversative は「反対の」という意味。

第9章　社会科

社会科で学ぶこと

【地理】

白地図	a blank map
掛け地図	a wall map
交通網	a transportation network
供給	(a) supply (of〜)

電気やガスなどの「供給」は不可算名詞だが、食糧や物資の「供給」は加算名詞。「需要と供給」は supply and demand と言う。

飲料水	drinking water
電気	electricity
ガス	gas
廃棄物	waste
産業廃棄物	industrial waste
放射性廃棄物	radioactive waste
廃棄物処理場	a waste-disposal plant
浄水場	a water purification plant
水の再利用	reuse of water
上水道	the water supply

「水道水」は tap water と言う。

下水道	the sewage system
清掃工場	a garbage processing plant
地図帳	an atlas
縮尺	a scale

1：25000 は one to twenty-five thousand と読む。

等高線	a contour line
自然災害	a natural disaster
避難訓練	an evacuation drill

drill は「訓練」という意味。

減災	disaster mitigation
地震災害	earthquake damage

an earthquake disaster とも言う。

津波災害	tsunami damage

a tsunami disaster とも言う。

風水害	wind and flood damage
山火事	a forest fire

土石流	a mudflow
火山災害	a volcanic disaster
活火山	an active volcano
休火山	a dormant volcano
死火山	an extinct volcano
噴火	a volcanic eruption
火砕流	a pyroclastic flow
雪害 a snow disaster とも言う。	snow damage
食料生産	the food production
食料自給率	food self-sufficiency rate
地産地消	the local consumption of local products
トレーサビリティ 「起源を遡ること」という意味。	traceability
穀倉地帯 grain は「穀物」という意味。倉庫としての「穀倉」は a grain elevator と言う。	a granary
輪中地帯 説明する場合は、a sea-level community surrounded by levees とする。levee は「(人工の) 堤防」という意味。	levees that completely encircle or ring a community
水郷地帯 「水郷 (すいごう)」は通常利根川下流域の低湿地を指す。「水郷 (すいきょう)」は柳川など「水辺の景勝地 (a riverside scenic place)」を指す。	a riverside district
圃場整備 「耕地整理 (rezoning of farm lands)」とも言う。「圃場整備」はこの他に用水路 (irrigation) や農道 (a farming road) の整備も含む。	farmland consolidation
品種改良 説明する場合は、improvement of farm produce and farm animals とする。	selective breeding
化学肥料	a chemical fertilizer
転作	crop rotation
米価	the price of rice
有機農業	organic farming
堆肥 composer、manure とも言う。	organic fertilizer
米	rice
小麦	wheat

第9章

とうもろこし	corn

綿花	cotton

「綿布（cotton cloth）」と区別したい場合は raw cotton とする。

天然ゴム	natural rubber

情報通信技術	information and communication technology

ICT と略すことがある。

製品	a product

産物	produce、product

「工業製品」は product、「農産物」は produce と言う。

畜産物	livestock products

畜産業	the livestock industry

酪農産物	dairy products

dairy produce とも言う。

酪農業	the dairy farming industry

水産物	marine products

水産業	the fishery industry

造船業	the shipbuilding industry

漁獲高	a catch

沿岸漁業	a coastal fishery

沖合漁業	an offshore fishery

遠洋漁業	a deep-sea fishery

deep-sea は「深海の、遠洋の」という意味。a pelagic fishery とも言う。pelagic は「遠洋の」という意味。

養殖魚業	fish farming

「養殖ウナギ」は a farmed eel と言い、「養殖真珠」は a cultured pearl と言う。

大陸棚	a continental shelf

海流	an ocean current

寒流	a cold current

暖流	a warm current

赤潮	a red tide

淡水	freshwater

塩水	saltwater

汽水	brackish water

brackish は「少し塩気のある」という意味。

河口堰	an estuary weir

「河口（estuary）」の「堰（weir）」という意味。

林業	forestry
金属工業	the metalworking industry
機械工業	the machinery industry
化学工業	the chemical industry
石油化学工業	the petrochemical industry
軽工業	light industries
重工業	heavy industries
重化学工業	heavy (and) chemical industries
自動車産業	the automobile industry
食料品工業	the food industry
鉱業	the mining industry
ボーキサイト	bauxite
原油	crude oil

petroleum とも言う。

工業地帯	an industrial zone
コンビナート	an industrial complex

「コンビナート」はロシア語の kombinat に由来する。complex は「複合体」という意味で、心理学的には感情の複合体（コンプレックス）を意味する。「**石油化学コンビナート**」は a petrochemical complex と言う。

石油精製	an oil refinery
伝統産業	traditional industries
マスコミ	mass communication
放送	broadcasting
新聞	a newspaper
販売	sales
運輸	transportation
観光	tourism
医療	medical care
福祉	welfare
国宝	a national treasure

「**人間国宝**」（重要無形文化財保持者の通称）は a living national treasure と言う。

日本遺産	Japan Heritage program
遺跡 複数形で用いる。	remains
文化財 「重要文化財」は an important cultural asset、「重要無形文化財」は an important intangible cultural asset と言う。	cultural assets
世界遺産 個々の指定箇所は a World Heritage site と言う。	World Heritage
国立公園	a national park
国定公園 国立公園に準ずるものを国定公園という。semi-national park とも言う。	a quasi-national park
発電所 「火力発電所」は a steam power station、「水力発電所」は a hydropower station、「原子力発電所」は a nuclear power station と言う。station の代わりに plant を用いることもある。	a power station
平野	a plain
盆地	a basin
台地 「高原」も同じ。	a plateau
山地	a mountain region
山脈 固有名詞では〜 Mountains と言う。	a mountain range
氷河	a glacier
U字谷	a U-shaped valley
扇状地	a fan
蛇行 meander は「曲がりくねる」という意味。	the meandering of a river
三日月湖 oxbow は、牛の「くびき」という意味。	an oxbow lake
三角州	a delta
河岸段丘	a river terrace
氾濫原 flood（氾濫）によってできた plain（平地）という意味。	a floodplain
海岸段丘	a coastal terrace
海食崖	a sea cliff
隆起海岸	an uplifted coast

沈降海岸	a submerged coast
砂州	a sandbar
リアス式海岸	a rias coast

鋸の歯のような海岸地形のことで、a sawtooth coastline とも言う。rias はスペイン語で「入り江」を意味する。

フィヨルド	a fjord

「溺れ谷（a drowned valley）」とも言う。陸地深くに入り込んだ狭い湾のこと。fjord はノルウェー語。

無人島	a desert island
離島（はなれじま）	a solitary island
陸繋島	a land-tied island
河口	a river mouth
半島	a peninsula
海峡	a strait
珊瑚礁	a coral reef

reef は「環礁」という意味。

泥炭地	a peat bog

bog は「沼地、湿地」という意味。

火山灰地	an area covered in volcanic ash
砂丘	a sand dune
干拓	land reclamation
埋め立て地	reclaimed land
鉱山	a mine
油田	an oil field
炭鉱	a coal mine
岬	a cape
峠	a mountain pass

a mountain path は「山道」という意味。

鍾乳洞	a limestone cave
住宅地	a residential area
農地	an agricultural area
山林	a forest
商業地	a commercial area
疎水	a canal

canal は「水路、運河」という意味。

灌漑	irrigation
溜池	a reservoir
入浜式塩田	a way of making salt by damming up the seawater during the hightide

「揚浜式塩田」は海水をくみ上げる方式で、a way of making salt by pumping up the seawater と言う。

海溝	a trench
地図記号	a map symbol
変電所	a transformer substation
市役所	a city office

アメリカ英語では a city hall と言う。

県庁	a prefectural office
地方自治体	(a) local government
桑畑	a mulberry field
広葉樹林	a broad-leaved forest
針葉樹林	a coniferous forest
果樹園	an orchard
茶畑	a tea field
棚田	terraced rice fields
博物館	a museum
美術館	an art museum
老人ホーム	a nursing home
郵便局	a post office
銀行	a bank

中世イタリアの両替商（a money changer）が用いた「長机、長椅子」が語源とされ、bench も同語源である。

税務署	a taxation office
自衛隊駐屯地	a Self-Defense Force camp

「航空自衛隊」は the Air Self-Defense Force、「陸上自衛隊」は the Ground Self-Defense Force、「海上自衛隊」は the Maritime Self-Defense Force と言う。

城跡	castle site

castle ruins とも言う。

温泉	a hot spring
荒地	a wasteland
漁港	a fishing port

墓地	a graveyard
門前町	a temple town
宿場町	a post-station town

説明する際には、a town developed as a station along the high road とする。これは、「街道（a high road）沿いの宿場（a station）として発達した町」という意味。なお、highway は「幹線道路」という意味で、high-は main（主要な）という意味。日本語で「ハイウェイ」は高速道路（高速自動車専用道路）を指すので、混乱を避けるために「街道」は high road を用いるとよい。

城下町	a castle town
神社	a (Shinto) shrine

日本では一般的に「（神道の）神社」を shrine と称しているが、英語の shrine は「聖地」を指す。OALD は「a place～（～である場所）」という定義をしており、Wimbledon is a shrine for all lovers of tennis.（ウインブルドンは全てのテニス愛好家の聖地）という例文をあげている。

寺院	a (Buddhist) temple

日本では一般的に「（仏教の）寺院」を temple と称しているが、英語の temple はキリスト教以外の宗教の「神殿」を指す。OALD は「a building～（～である建造物）」という定義をしている。

海抜	above sea level

sea level は「標準海面」という意味。「海抜～メートル」は～meters above sea level と言う。

山の高さ	the height of a mountain
川の長さ	the length of a river
湖の深さ	the depth of a lake
熱帯雨林	a tropical rain forest
熱帯	a tropical zone
温帯	a temperate zone
寒帯	a frigid zone
酸性雨	acid rain
地球温暖化	global warming
高速道路	an expressway

英語の highway は「幹線道路」という意味。

国道	a national road
県道	a prefectural road
市道	a city road
私道	a private road
地域の開発・活性化	regional development and vitalization
航空写真	an aeriel photograph
衛星写真	a satellite photograph

スイス	Switzerland、the Swiss Confederation
ドイツ	Germany、the Federal Republic of Germany
オランダ 国名だが the と複数形の s が付く。	the Netherlands、the Kingdom of the Netherlands
スペイン	Spain、the Kingdom of Spain
ポルトガル	Portugal、the Portuguese Republic
ギリシア	Greece、the Hellenic Republic
大韓民国	Korea、the Republic of Korea
中華人民共和国	China、the People's Republic of China
フィリピン	the Philippines、the Republic of the Philippines
太平洋	the Pacific Ocean
大西洋	the Atlantic Ocean
インド洋	the Indian Ocean
日本海	the Sea of Japan
領土	a territory
領海	territorial waters
領空	territorial airspace
排他的経済水域	an exclusive economic zone

日本の排他的経済水域は、Japan's EEZ と記すことがある。(海岸の低潮線から 12 海里までが領海。領海を除いて 200 海里までが EEZ。)

| 最南端 | the southernmost tip |

northernmost, westernmost, easternmost を用いると、「最北端、最西端、最東端」という意味になる。

【公民】

三権（分立）	(separation of) the three powers
司法	the judicial
行政	the executive
立法	the legislative
参政権	suffrage
選挙権	the right to vote
被選挙権	eligibility for election
地方自治体 central government（中央政府）の対義語。	local government
知事	a prefectural governor
県議会	a prefectural assembly
県議会議員	a prefectural assembly member
市長	a mayor
市議会 a city council とも言う。「町〜」は town、「村〜」は village とする。	a city assembly
市議会議員 a city council member とも言う。「町〜」は town、「村〜」は village とする。	a city assembly member
条例 地方議会の議決により制定されたもの。英国の bylaw（または byelaw。地方自治体が定めた法律 (OALD)）に相当する。	an ordinance issued by a local government
規則 地方公共団体の長が定めるもの。	a regulation made by the head of a local government
国会 「アメリカ議会」は Congress、「イギリス議会」は Parliament と言う。	the Diet
衆議院 representative は「代表者」という意味。the Lower House とも言う。議員は a member of を前に付ける。２院制議会の下院を the Lower House と称するのはかつてアメリカ議会で２階建ての建物の１階を使用したからという説がある。	the House of Representatives
参議院 councilor は「顧問、評議員」という意味。the Upper House とも言う。議員は a member of を前に付ける。２院制議会の上院（アメリカでは the Senate、上院議員は a Senator と言う）を the Upper House と称するのはかつてアメリカ議会で２階建ての建物の２階を使用したからという説がある。	the House of Councilors
（衆議院議員）総選挙	a general election (for the House of Representatives)
（参議院議員）通常選挙	an ordinary election (for the House of Councilors)
任期	a term

解散	dissolution

dissolve は「溶解する」という意味。「衆議院の解散」は the dissolution of the House of Representatives と言う。英国国王ヘンリー8世（Henry VIII, Henry the Eighth）の時代の1530年に行われた「修道院解散」は Dissolution of Monasteries と言う。

与党	a ruling party

連立与党は a ruling coalition party とする。

野党	an opposition party

選挙区	an electoral district

a constituency とも言う。

小選挙区	a single-member electoral district

「1人のみが選ばれる選挙区」という意味。

大選挙区	a multi-member electoral district

「複数の人が選ばれる選挙区」という意味。日本には1993年までは「中選挙区」と呼ばれる2～5名が選出される方式があったが、これも英語では大選挙区の一種と考えられる。

比例代表区	a proportional representation district

議員定数	an allotted number of representatives

信任投票	a confidence vote

不信任投票	a no-confidence vote

a nonconfidence vote とも言う。

内閣	the Cabinet

cabinet は「戸棚、保管庫」の他、「小部屋」という意味もあり、小部屋で協議が行われたことに由来する。「第2次安倍内閣」は the Second Abe Cabinet と言う。

内閣総理大臣	the Prime Minister

内閣官房長官	the Chief Cabinet Secretary

大臣	Minister

「～大臣」は Minister of～と言う。minister には「（キリスト教の）聖職者」という意味もある。mini-（小さい）は master（主人）に対する「家来」であったことに由来する。

弾劾裁判	an impeachment trial

「弾劾」とは「罪を追求する」という意味で、アメリカでは大統領、日本では裁判官などを訴追する。

国民審査	a national review of the Supreme Court Judges

衆議院の優越	superiority of the House of Representatives

内閣不信任案	a motion of no-confidence in the Cabinet

motion は「動議」という意味。

動議	a motion

法案	a bill

法律	an act

an act は議会で可決成立した個々の法律を指し、法令名にも用いられる。

通常国会	an ordinary session of the Diet
臨時国会	an extraordinary session of the Diet
特別国会	a special session of the Diet
内閣総辞職	a general resignation of the Cabinet

general は「全体的な」という意味。

裁判所	a court (of justice)
地方裁判所	a district court
家庭裁判所	a family court
簡易裁判所	a summary court

summary は「手短な、略式の」のという意味。

高等裁判所	a high court
最高裁判所	the Supreme Court
裁判官	a judge

「判決」は a judgment、「(裁) 判例」は a precedent と言う。

検察官	a public prosecutor
弁護士	a lawyer
〜省	Ministry of 〜
租税	taxation

a tax とも言う。

法人税	a corporate tax
所得税	the income tax
消費税	the consumption tax
自動車税	an automobile tax
固定資産税	a real estate tax

real estate は「不動産」という意味。

国税	a national tax
地方税	a local tax
直接税	a direct tax
間接税	an indirect tax
納税	payment of taxes
社会保障	social security
民主主義	democracy

demo- は「大衆」、-cracy は「階級、制度、政治」という意味。

資本主義	capitalism
共産主義	communism
社会主義	socialism
中央集権	centralization
官僚制	bureaucracy
軍政	military administration
戒厳令	martial law
自宅軟禁	house arrest

「自宅監禁されている」は be under house arrest と言う。

事変	an incident
難民	a refugee

「亡命者」という意味もある。

亡命	asylum

「政治亡命」は a political asylum、「亡命する」は seek asylum と言う。

民族紛争	a tribal conflict
北方領土	the Northern Territories

北方領土問題は the Northern Territory issue と言う。

家電リサイクル法	the Home Electric Appliance Recycling Law

an electric appliance は「家電製品」という意味。

エコマーク	EcoMark

説明する際には、an ecolabel (attached to an environmentally friendly product)とする。「〜にやさしい」は〜friendly と言う。

環境の3Rs	the three R's of the environment

3つのRが指すものは、reduce（削減）、reuse（再利用）、recycle（リサイクル）である。

持続可能な社会	a sustainable society

SDGs は、Sustainable Developmental Goals の頭文字語で、「持続可能な開発目標」という意味。

国事行為	constitutional functions

「(国事行為) を行う」は perform〜と言う。

国民の義務	people's obligations
知る権利	the right to know
情報開示	disclosure of information
プライバシーの権利	the right to privacy
言論の自由	freedom of speech
行動の自由	freedom of movement
結婚の自由	freedom of marriage

思想の自由	freedom of thought

職業選択の自由	freedom to choose one's occupation

裁判員制度	the lay judge system

lay は「素人の」という意味。

起訴	prosecution

「不起訴」は non-prosecution と言う。

実刑	an unsuspended prison sentence

an actual prison sentence や a prison sentence actually imposed by the court とも言う。英語の a prison は日本の「拘置所」（判決が確定するまでの「被告人（the accused）」と「死刑囚（a convict on death row）」を収監する施設）と「刑務所」（懲役刑や禁固刑に処せられた人を収監する施設）の両方を指す（OALD）。

執行猶予	a suspension of the execution of a sentence

suspension は「一時停止、停職、停学」という意味。

懲役	imprisonment with work

「労働を伴う収監」という意味。

禁固	imprisonment without work

「労働を伴わない収監」という意味。

無期懲役	life imprisonment

「終身刑」という意味。「刑法（Penal Code）」は「仮釈放（parole）」を認めている。

死刑	the death penalty
政府開発援助	Official Development Assistance
青年海外協力隊	the Japan Overseas Cooperation Volunteers
日本銀行	the Bank of Japan
公定歩合	the official discount rate
公開市場操作	an open market operation
労働者の権利	labor rights
団結権	the right to organize

団体交渉権	the right to collective bargaining

bargain は「取引する、交渉する、協定、安売りの」という意味。

団体行動権	the right to strike
親会社	a parent company
子会社	a subsidiary company

下請会社	a subcontractor

a general contractor は「ゼネコン（総合工事業者）」のこと。

ファブレス	fabless

開発と設計を行うが、自社工場を持たないので製造は外部委託するメーカーのこと。fabrication（工場）と less（無い）の混成語。

OEM	OEM

original equipment manufacturer の頭文字語。他社の商標名で生産し供給すること。

社会保障費	a social security expenditure

年金	a pension

宿泊施設の「ペンション（pension）」はフランス語（発音注意）。

医療費	healthcare costs

文脈によって medical care costs, healthcare costs, healthcare expenditures, medical treatment fees などとも言う。

米軍基地	a U.S. millitary base

地位協定	a status of forces agreement

「軍事力（forces）の地位（status）についての合意」という意味。

集団的自衛権	the right of collective defense

collective は「集団的な」という意味。「個別的自衛権」は the right of individual self-defense と言う。

好景気	an economic boom

バブル経済	a bubble economy

国連事務総長	the Secretary-General of the United Nations

国連安全保障理事会	the United Nations Security Council

安保理常任理事国	a permanent member of the Security Council

安保理非常任理事国	a non-permanent member of the Security Council

ユニセフ	UNICEF

「国連児童基金」のこと。発足当時は United Nations International Children's Emergency Fund と称した。1953年に International（国際）と Emergency（緊急）を削除したが、頭字語は変わっていない。

ユネスコ	UNESCO

「国連教育科学文化機関」のこと。United Nations Educational, Science, and Cultural Organization の頭字語。

世界保健機関	the World Health Organization

WHO と略すことが多い。

国連高等難民弁務官	the United Nations High Commissioner for Refugees

UNHCR と略すことが多い。

国連平和維持活動	United Nations Peacekeeping Operation

(UN) PKO とも言う。

【日本史】

狩猟・採集社会	a hunter-gatherer society

hunting and gathering society とも言う。Society 1.0 に相当する。

農耕社会	an agrarian society

Society 2.0 に相当する。Society 3.0 は「工業社会（an industrial society）」、Society 4.0 は「情報社会（an information society）」、Society 5.0 は「超スマート社会（a super-smart society）」と言う。

石器	a stone implement

implement は「道具」という意味。stoneware とも言う。

旧石器時代	the Old Stone Age

the Paleolithic Era とも言う。

新石器時代	the New Stone Age

the Neolithic Era とも言う。

縄文時代	the Jomon period
弥生時代	the Yayoi period
古墳	a mounded tomb

an ancient barrow とも言う。barrow は「墳墓」という意味。

埴輪	clay (terracotta) figures or vessels placed on and around mounded tombs
青銅器	a bronze implement

bronzeware とも言う。

鉄器	an iron implement

ironware とも言う。

大王	a king

英語の king は「王室を持つ、ある一つの独立国の男性の統治者」（OALD）という意味で、一般的には一民族、一国家の最高位の人を指す。中国では「王」は「皇帝」の下の地位の称号である。

天皇	the emperor

英語の emperor は empire（帝国）の支配者という意味である。empire は「共通の統治者や主権国家の下にある数カ国」（ODE）を意味し、複数の民族、複数の国家を支配するという意味で用いられることが多い。この定義が必ずしも当てはまるとは限らないが、日本内外で事実上 emperor が定着している。

豪族	a powerful family

a powerful local family とも言う。

渡来人	people from the Asian mainland who settled in ancient Japan
前方後円墳	a keyhole-shaped mounded tomb

a keyhole-shaped barrow とも言う。keyhole は「鍵穴」、barrow は「丘」という意味。

防人	border guards
仏教の伝来	the transmission of Buddhism to Japan

飛鳥時代	the Asuka period

「奈良時代、平安時代、鎌倉時代、室町時代、江戸時代」は同様にローマ字表記する。

冠位十二階	the hierarchical 12-rank court system

十七条憲法	the Seventeen-Article Constitution

近代の「憲法（a constitution）」とは異なり、役人の「心構え、道徳規範（moral norms）」を記したものとも考えられるので、説明する場合には、the seventeen articles of moral norms for government officials としてもよい。

律令制	the ritsuryō (administrative) system

説明をする際には、a centralized government system based on the criminal and administrative laws of China's Sui and Tang dynasties（随と唐の刑法（律）と行政法（令）に基づく中央集権国家）とする。

四等官	four classes of officials under the risturyō system

「かみ（長官）」は a head official、「すけ（次官）」は an assistant head official、「じょう（判官）」は、a secretary、「さかん（主典）」a clerk に相当する。

令外官	an extralegal official
検非違使	the Imperial Police
公地公民	ownership of land and people by the state
班田収授法	the farmland allocation law
口分田	rice allotment fields

租庸調	taxes in kind or service

「租」は rice、「庸」は labor（労働）もしくは cloth（布）、「調」は local products（諸国の産物）を税として収めること。in kind は「現物で」という意味。

三世一身法	the Law of Three Generations or One Lifetime

「（新しく開墾した土地の）3世代もしくは本人一世の間の私有を認める法律」という意味。用水路を新設するかどうかで3世代か本人の1世代のみかに分かれる。

墾田永年私財法	the law to admit the private ownership of newly developed land in perpetuity

「新しく開墾した土地の永代私有を認める法律」という意味。

密教	esoteric Buddhism

esoteric は「特別な知識を持つ少数の人々に理解される（OALD）」という意味。

顕教	exoteric Buddhism

exoteric は esoteric の反意語。

遣唐使	imperial embassies sent to China's Tang dynasty

Tang は「唐」のこと。「漢」は Han、「随」は Sui、「明」は Ming、「清」は Quin と言う。

大陸文化の摂取	the adoption and assimilation of culture from the Asian mainland

日本風の文化	Japanese culture

Japanese (-style) culture とも言う。

彫刻	a sculpture

大仏の建立	the erection of the Great Buddha statue

貴族	the nobility

the court nobility、the aristocracy とも言う。人を指すときは a noble, an aristocrat と言う。

十二単	twelve unlined robes

説明する際には、a twelve-layered kimono that was the ceremonial costume of a court lady とする。「十二」と称するが、12枚の着物を重ね着したのではない。

摂政関白	a regent and chief counsellor

説明する際には、a combination of the regent and chief counsellor positions とする。英国でこれに相当するのは a regent と言う。

摂政	a regent

説明する際には、an extralegal regent for a minor emperor that assumed their authority（天皇の成人前にその代理で政務を執った令外官）とする。英国では a regent がこれに相当する。

関白	a chief counsellor

説明する際には、an extralegal chief counsellor for an adult emperor that assumed their authority（天皇の成人後にその代理で政務を執った令外官）とする。

寝殿造り	a palace-style residence typically associated with nobility during the Heian period

「宮殿を模した平安貴族の典型的な住居」という意味。

書院造り	a writing-alcove style residence typically associated with affluent warriors of the Muromachi period

「書斎（書院）を中心とした室町富裕武士の典型的な住居」という意味。

関所	a barrier (on a road network)

荘園	a(n) (private) estate

a privately held estate も言う。説明する際には、a private estate (mainly a farm land) of the imperial court, nobility, warriors or religious institutions（「皇室や貴族、武士や寺社が私的に所有した土地（主に農地）」という意味）とする。「（荘園を）開墾する」は develop、「（荘園を）寄進する」は donate を用いる。

国司	a provincial governor

a province は行政区画を指す語であるが、日本の旧国名として、Ise Province（伊勢国）のように用いる。

貴族政治	an aristocracy

武士の政治	warrior government

samurai は OALD に項目として記載されている。a military government とも言う。

幕府	the shogunate

the feudal government、the military government とも言う。「幕府」の本来の意味は a battle camp on the front line（最前線の陣営）と説明できる。

将軍	the shogun

「征夷大将軍」の本来の意味は the commander-in-chief of the expeditionary force（遠征軍の最高司令官）と説明できる。

地頭	a military estate steward

steward は「執事、管財人」という意味。説明する際には、a land steward under the authority of the shogunate that was involved in tax collection, policing and management of the estate（将軍の指揮下で収税と警察と荘園管理を行った役人）とする。

守護	a provincial military governor

説明する際には、a military agent under the authority of the shogunate とする。領地を実質的に支配した室町時代の守護大名と区別する。

封建制度	feudalism

英語の feudalism は「中世ヨーロッパにおいて貴族から土地と保護を与えられ、その代償として働いたり戦ったりする社会制度」（OALD）とある。日本の封建制度と必ずしも一致しないが、近似の概念としてこの訳語が定着している。

御家人	a shogunal retainer

a direct retainer of the shogunate、shogunal vassals とも言う。retainer、vassal は共に「家臣」という意味。

御恩と奉公	a vassal's debts to his lord to be repaid by service

説明する際には、a lord's special favor and a vassal's obligation to repay it with service（主人の恩恵とそれに対する家臣の奉公の義務）や the complementary relationship between a lord and his vassal, with the lord granting new lands or confirming existing ones and the vassal joining military campaigns as necessary（家臣は主人に領地所有の確約をしてもらい、家臣は万一の際には主人のために戦うという相補的関係）などとする。

神仏習合	the amalgamation of Shinto deities and Buddhas

本地垂迹説	the idea that Shinto deities were local manifestations of Buddhist figures

説明する際には、a doctrine in which local Shinto deities were seen as the avatars or traces (*suijaku*) of the buddhas and bodhisattvas who were their original forms (*honji*)（神道の「神々 (deities)」は「仏 (buddha)」や「菩薩 (bodhisattva)、悟りに達して仏になるための修行中の存在」の「化身 (avatar)」であるという「教理 (doctrine)」）などとする。

神宮寺	Buddhist temples erected on or near the grounds of Shinto shrines

Buddhist temples attached to Shinto shrines（神社に付属する寺院）とも言う。

念仏	the nenbutsu

説明する際には、calling on the name of Amida Buddha とする。

浄土	the Buddhist Pure Land paradise

説明する際には、the Buddhist paradise in the West（西方にある仏教の楽園）とする。

二期作	double cropping (of rice)

「米を1年に2回収穫すること」という意味。

二毛作	raising two crops per year on the same soil

「異なる作物を1年に2回収穫すること」という意味。

元寇	the Mongol invasions of Japan

説明する際には、the two failed Mongol invasions of Japan in 1274 and 1281 とする。

水墨画	an ink painting

石庭	a rock garden

a rock garden は「岩石園」という意味もある。

守護大名	a regional warlord

warlord は「軍事的支配者」という意味。鎌倉期の守護は主に軍事・警察権を行使したが、室町期は武力をもって実質的に国司の役割も果たしたので warlord と言える。

戦国大名	an autonomous regional warlord (during the Warring States period)

autonomous は「独立した、自治権を持つ」という意味。

戦国時代	the Warring States period (from the 15th to the 16th centuries)

鉄砲伝来	the introduction of firearms into Japan

火縄銃	a matchlock gun

火縄を用いる初期の「マスケット銃 (a musket gun)」のこと。銃身内部にらせん状の溝 (rifle) が切られている「ライフル銃 (a rifle)」出現前の銃。

キリスト教の伝来	the introduction of Christianity into Japan

イエズス会	the Society of Jesus

the Jesuits とも言う。「イエズス会士」は、a Jesuit と言う。

下剋上	those below toppling those above

topple は「倒す」という意味。「下位のものが上位のものを倒すこと」という意味。

忍者	a ninja

説明する際には、an intelligence agent としてもよい。

一揆	a rebellion

a peasant revolt、a riot なども言う。riot は「暴動」という意味。

刀狩り	(Toyotomi Hideyoshi's 16th century) sword hunts

太閤検地	(Toyotomi Hideyoshi's) cadastral surveys

「検地帳」は cadaster (土地台帳) と言う。荘園制度の崩壊を招いた (helped bring about the collapse of the shōen system)。

石高	the (official) annual rice yield of land

「ある地域の正式な米の年間生産量」という意味。「石」の説明としては、a unit of measurement for rice equivalent to about five U.S. bushels (アメリカで約5ブッシェルに相当する分量の米) とする。「米1石 (約150kg)」とは大まかに成人1人あたりの年間消費量である。1石=10斗=100升=1000合。米の流通のために梱包した1俵は4斗 (約60kg)。価格の目安は米1石=金1両 (小判1枚) とされた。

関ヶ原の戦い	the Battle of Sekigahara

大名	a lord of a domain

a feudal lord とも言う。

親藩	a lord that was a close relative to the ruling Tokugawa family

譜代大名　　　　　　　　"inner" lords who were direct vassals of the Tokugawa house

「譜代」は「a hereditary vassal under the same lord for generations（代々の家臣）」という意味。

外様大名　　　　　　　　"outer" lords who were allied with the Tokugawa house

「外様」は outer circle（組織に所属するが中心的でない人々）という意味。その意味で「譜代」は反意語である inner circle とも言える。

絵踏み　　　　　　　　　the image-treading ceremony (to detect Christians)

五街道　　　　　　　　　the (Gokaidō) road network

Tōkaidō、Nakasendō、Ōshukaidō、Kōshukaidō、Nikkōkaidō を指す。

一里塚　　　　　　　　　a milestone marker

江戸時代に整備された一里塚は約 3.9km ごとに設置され、当時の時法の半時（今の約 1 時間）で歩ける距離を基準とした。

東海道五十三次　　　　　the fifty-three stations of the Tōkaidō

a station は「宿場」という意味。

不定時法　　　　　　　　a nonstandard, varying-length time-keeping system

日の出から日没までを 6 等分し、日没から日の出までを 6 等分する時法のこと。夏至の昼間と冬至の昼間では一時（いっとき）の長さが異なる。現在の午前 0 時ごろを中心とした約 2 時間を「九つ」（子の刻）とし、約 2 時間ごとに「八つ」（丑の刻）、「七つ」（寅の刻）と数字を下げていき、「四つ」（巳の刻。現在の午前10時ごろを中心とした約 2 時間）まで行ったら再度「九つ」（午の刻。現在の午後 0 時ごろを中心とした約 2 時間。「正午（noon）」はこれに由来する）となり、現在の午後10時ごろを中心とした約 2 時間の「四つ」まで数字を下げていく。日の出を「明け六つ」（現在の午前 6 時ごろを中心とした約 2 時間）、日没を「暮れ六つ」（現在の午後 6 時ごろを中心とした約 2 時間）と言った。英語教科書にも取り上げられた落語の「時そば（Time Soba）」は、現在の午後11時ごろに「四つ」から「九つ」に変わることを題材としたもの。

参勤交代　　　　　　　　(the) alternate (-) attendance (system)

説明する際には、during the Edo period, daimyo were supposed to leave their domains and come serve in Edo (modern-day Tokyo) approximately every other year, while keeping their wives and most of their adolescent children permanently there とする。every other year は「一年おきに」という意味。

鎖国　　　　　　　　　　the "closed country" system of foreign relations during the Edo period

national seclusion とも言う。

千歯こき　　　　　　　　a rice thresher

脱穀機のこと。

唐箕　　　　　　　　　　a winnowing machine

風力で籾殻を吹き飛ばす装置。

藩　　　　　　　　　　　a domain

説明する際には、administratively autonomous domains とする。「藩」は幕府の地方出先機関（a local office of the central government）ではなく、ある種の独立国（autonomous authority）で警察権（police authority）、徴税（tax collection）権、「藩札（paper domain currency）」発行権を持っていた。

その経済的規模（economic strength）は石高（前掲）によって示された。幕府は「天領（areas under direct supervision）」という国内最大の収入源を持つ大名と言える。

国学	nativist learning

the study of the character and spirit of the Japanese nation や national learning とも言う。

蘭学	Dutch studies

町人	(the) townspeople

説明する際には、the artisans and merchants living in large urban areas in Edo period（江戸時代の都市に住む商人と職人）とする。

寺子屋	a small local school

説明する際には、a small private school (juku) for non-samurai-class children to learn the three R's of reading, writing, and arithmetic（武士階級以外の子どもたちのために「読み・書き・算盤（the three R's of reading, writing, and arithmetic）」を教える個人塾）とする。

藩校	a domain school

説明する際には、a school established by a domain for teaching the children of samurai（武士階級もしくはその子どもたちのために藩が設立した学校）とする。

大獄	a mass arrest and execution

「大量の逮捕と処刑」という意味。

和親条約	a peace treaty

「日米和親条約」（1854年）は the Japan-U.S. Treaty of Peace and Amity、または the Treaty of Peace and Amity between the United States of America and the Empire of Japan (Treaty of Kanagawa) と言う（amity は「友好」という意味）。

通商条約	a commercial treaty

「日米修好通商条約」（1858年）は The Treaty of Amity and Commerce between the United States of America and the Empire of Japan (Harris Treaty) と言う。

治外法権	extraterritorial rights

extraterritorial は「領土の外」という意味。

大政奉還	the formal return of governing power to the imperial court

明治維新	the Meiji Restoration

the Restoration は英国史における「王政復古」を意味する。

五箇条の御誓文	the Charter Oath of Five Articles

版籍奉還	a petition to return domains to the emperor

「版」は土地、「籍」は人民のこと。

廃藩置県	the abolishment of domains and their replacement by prefectures

prefecture はフランスやイタリアの地方行政単位の名称として用いられる。

廃仏毀釈	the abolishment of Buddhism and destruction of Śākyamuni (movement)

大日本帝国憲法	the Constitution of the Great Empire of Japan

the Meiji Constitution とも言う。

普通選挙	universal suffrage

suffrage は「参政権」という意味。

議会制度	a parliamentary system
富国強兵	a wealthy country and a strong military
殖産興業	to develop industry and promote enterprise
徴兵制度	the (military) draft system

スポーツの「ドラフト制度」は the draft system と言う。

日清戦争	the Sino-Japanese War
日露戦争	the Russo-Japanese War
租借	a lease
委任統治	(the) mandate (system)

mandate は「信任」という意味。「委任統治領」は mandated territories と言う。

軍縮	arms reduction

disarmament とも言う。「再軍備」は rearmament と言う。

国際連盟	the League of Nations
盧溝橋	the Marco Polo Bridge
資本家	a capitalist
小作	tenant farming

a tenant は「(家、土地などを) 借りる人」という意味。「地主」は a landowner、「小作人」は a tenant farmer と言う。

三国同盟	the Tripartite Pact
空襲	an air raid
枢軸国	the Axis powers

axis は「軸」という意味。

連合国	the Allied Nations

1942年以降は the United Nations と称され、戦後の「国際連合」と同じ英語表記であるが、日本では戦前のものは「連合国」、戦後のものは「国際連合」と訳し分けている。中国は一貫して「联 (聯の簡体字) 合国」と称している。

国際連合	the United Nations
無条件降伏	unconditional surrender
ポツダム宣言	the Potsdam Declaration
国体	the national essence

「政治の形態」という意味では the national polity を用い、「法体系」を指す場合は the national constitution を用いる。

農地改革	land reform

財閥解体	the dissolution of conglomerates

dissolution は「解散」、conglomerate は「複合企業」という意味。

安全保障条約	a security treaty

「日本国とアメリカ合衆国との間の相互協力及び安全保障条約」は、Treaty of Mutual Cooperation and Security between the United States and Japan と言う。

冷戦	a cold war

米ソ冷戦は the Cold War と言う。

第9章

【世界史】

遊牧民族	a nomadic tribe

農耕民族	an agricultural tribe

古代文明	an ancient civilization

Mesopotamian、Egyptian、Indus、Chinese Civilization を指す。

貴族制	aristocracy

an aristocratic system とも言う。aristo-は「最高位の」という意味。

都市国家	a city-state

a state は「国家」という意味。

ミラノ勅令	the Edict of Milan

313年コンスタンティヌス帝がキリスト教を公認した。

シルクロード	the Silk Road

科挙	the Chinese civil service examination (system)

隋代から1905年まで続いた高等官僚登用制度。

マルコ・ポーロ	Marco Polo

『東方見聞録』（The Million もしくは The Travels of Marco Polo）で紹介されたジパングは「日本（Nippon、Nihon）」の中国語読みの「Jih」と「pung」に基づき、これが英語の Japan の語源となった。

カノッサの屈辱	Henry IV's Penance at Canossa

penance は「懺悔」という意味。1077 年に神聖ローマ帝国 (the Holy Roman Empire) 皇帝ハインリヒ 4 世が教皇 (the Pope) グレゴリウス 7 世に謝罪したこと。

破門	excommunication

宗教的文脈で用いる。徒弟制度 (apprenticeship) においては expulsion（除名、除籍）と言う。

偶像崇拝	idolatry

「アイドル (idol)」とは、本来宗教的崇拝対象の人や物（の像）を意味するが、「人気者」という意味もある。

ノルマン朝	the Norman dynasty

1066年ノルマンディー公ウィリアムがイギリスを征服（「ノルマン征服 (the Norman Conquest)」）し、イギリスの支配階級の言語がフランス語となり、大量のフランス語系語彙が英語に流入する契機となる。

十字軍	the crusaders

マグナ・カルタ	the Magna Carta

「大憲章」のこと。マグナ・カルタはラテン語。英語では the Great Charter (of the Liberties) と言う。

百年戦争	the Hundred Years War

Joan of Arc（フランス語では Jeanne d'Arc（ジャンヌ・ダルク））が活躍した。

バラ戦争	the Wars of the Roses

ランカスター家 (the House of Lancaster) とヨーク家 (the House of York) の王位継承争い。前者が赤いバラ、後者が白いバラを紋としたためこの名称となったとされる。

チューダー朝　　　　　　　the Tudor Dynasty

ランカスター家に繋がる Henry Tudor が Henry VII（ヘンリー7世）として即位し、ヨーク家の Elizabeth of York と結婚し両家が融合した。赤いバラの中心部に白いバラを配した紋（Tudor Rose）を用いた。Henry VIII（ヘンリー8世）の子 Elizabeth I（エリザベス1世）の在位は45年に及んだ。

無敵艦隊　　　　　　　　the Spanish Armada

the Invincible Armada とも言う。イングランドに侵攻したがアルマダ海戦（the Armada Wars）で敗れる。

ゴシック様式　　　　　　　Gothic

12〜15世紀の様式。建築は尖塔（a spire）を特色とする。書体の「ゴシック体」も同じ綴り。Gothic には「ゴート語（の）」という意味もある。

バロック様式　　　　　　　baroque

16世紀末から18世紀初頭に流行。過剰な装飾を特色とする。Baroque とも記す。

ロココ様式　　　　　　　　rococo

18世紀に流行。建築は曲線を基調とする。

羅針盤　　　　　　　　　　a compass

「方位磁石」のこと。「羅針」とは「磁針」のこと。

大航海時代　　　　　　　　the Age of Exploration

the Age of Discovery（発見の時代）とも言うが、ヨーロッパ中心主義的なので the Age of Encounters とする場合もある。

ルネサンス　　　　　　　　the Renaissance

フランス語で「再生」を意味する。ギリシア・ローマ古典の復興をめざしたので「文芸復興」と言う。

魔女狩り　　　　　　　　　a witch-hunt

「魔女裁判」は a witch trial と言う。

異端審問　　　　　　　　　the Inquisition

一般名詞では「取り調べ」という意味。

免罪符　　　　　　　　　　an indulgence

一般名詞では「甘やかし」という意味。

宗教改革　　　　　　　　　the Reformation

一般名詞では「改革」という意味。

ユグノー戦争　　　　　　　the French Wars of Religion

「フランス宗教戦争」という意味。Huguenot Wars とも言う。1562年に勃発したプロテスタントとカトリックの対立による内戦。

ナントの勅令　　　　　　　the Edict of Nantes

1598年。ユグノー戦争の結果、フランスでプロテスタントが公認された。

絶対君主制　　　　　　　　absolute monarchy

東インド会社　　　　　　　the East India Company

イギリス、オランダ、フランスが設立したので、British、Dutch、French を East の前に付ける。

清教徒革命　　　　　　　　the Puritan Revolution

名誉革命	the Glorious Revolution

南北戦争、イングランド内戦	the Civil War

一般名詞（a civil war）では「内乱」という意味。

王政復古	the Restoration

イギリスのチャールズ2世の即位。一般名詞では「回復」という意味。

フランス革命	the French Revolution

立憲君主制	a constitutional monarchy

アメリカ独立戦争	the Revolutionary War

1776年に「独立宣言（the Declaration of Independence)」を発表し、1783年のパリ条約（Treaty of Paris）で独立した。13の植民地が独立した当初のアメリカ国旗は13本の赤と白のstripesと13個の星が円形に描かれたものであったが、その後星の数が増えていく。

ルイジアナ購入	the Louisiana Purchase

1803年アメリカがフランスのルイジアナ植民地を購入。

産業革命	the Industrial Revolution

奴隷解放	the Emancipation Proclamation

emancipation は「解放」という意味。

万国博覧会	a World Exposition

an EXPO と略すことがある。an international exposition, an international exhibition とも言う。1851年ロンドン万博（London International Exhibition of Industry and Art）を第1回とする。

啓蒙運動	the Enlightenment

一般名詞では「啓発」という意味。「啓蒙時代」は、the Age of Enlightenment と言う。

租界	a foreign settlement

a concession とも言う。settlement は「解決、植民、開拓」という意味もある。

アヘン戦争	the Opium War

アヘン戦争（1840年～1842年）とアロー戦争（1856年～1860年）を併せて the Opium Wars とすることもある。

帝国主義	imperialism

ローマ皇帝のように他国を政治的、経済的、軍事的、文化的に支配下に置くことを意味したが、実効支配していなくても資本や文化において絶大な影響を与えることも意味する。

酒類醸造販売禁止（アメリカ）	Prohibition

アメリカの禁酒法。一般名詞では「禁止」という意味。

第一次世界大戦	World War Ⅰ

大恐慌	the Great Depression

1929年の Black Thursday（暗黒の木曜日）に端を発する世界規模の恐慌。

第二次世界大戦	World War Ⅱ

ベルリンの壁	the Berlin Wall

「ベルリンの壁の崩壊」は the collapse of the Berlin Wall と言う。

中東戦争	the Arab-Israel Wars

1948年、1956年、1967年、1973年に勃発した。

EU	the EU

the European Union のこと。「欧州連合」と訳される。

文化大革命	the Cultural Revolution

the Great Proletarian Cultural Revolution とも言う。

第 10 章　算数科

算数科・数学科で学ぶこと

足す	plus

「A plus B equals（または is）C.」のように言う。プラス記号（＋）は and の意味のラテン語 et の筆記体表記が単純化されたことに由来するとされる。

引く	minus

「A minus B equals（または is）C.」のように言う。マイナス記号（−）は minus の m の筆記体表記が単純化されたことに由来するとされる。

掛ける	multiplied by

「A multiplied by B equals（または is）C.」もしくは、「A times B equals（または is）C.」のように言う。かけ算記号（×）の起源は、十字架を斜めにしたという説がある。

割る	divided by

「A divided by B equals（または is）C.」のように言う。割り算記号（÷）の起源は分数表記のイメージで分子と分母を「・」で表したことに由来するとされる。

足し算	addition

個々の足し算の「問題」は an addition、計算としての「足し算」は抽象名詞とする。

引き算	subtraction
かけ算	multiplication
（かけ算の）九九	a multiplication table

英語には日本式の「ににんがし」のような覚え方はなく、Two times two is four.のように繰り返し唱える。「二の段」は two times table と言う。

割り算	division
（割り算の）余り	remainder

割り算の式の末尾に with a remainder of〜 をつけると「余りが〜」という意味。

四則計算	the four arithmetic operations (of addition, subtraction, multiplication, and division)

「読み書き算盤」は英語では the three R's と言い、reading、writing、arithmetic を指す。

筆算	manual calculation

arithmetic with a pencil and paper とも言う。単に arithmetic でもよいが、「暗算」と区別すればこのような説明になる。

暗算	mental arithmetic

mental calculation とも言う。中国語では「暗算」は「悪だくみ（a plot）」を意味し、「心算」が頭の中での数式の計算を指す。

算盤	an abacus
計算機	a calculator
〜の面積	the area of
小数	a decimal
直方体	a cuboid
立方体	a cube

球	a sphere
偶数	an even number

even とは「釣り合いの取れた」という意味で、2で割り切れることに由来する。

奇数	an odd number

odd とは「半端な」の意味で、2で割ったときに端数があることに由来する。

整数	an integral number
自然数	a natural number
虚数	an imaginary number

頭文字の i で記される。

素数	a prime number
複素数	a complex number
対数	a logarithm
指数	an exponent

「不快指数（the discomfort index）」のような場合は index を用いる。

公倍数	a common multiple
最小公倍数	the lowest common multiple

LCM と略すことがある。

公約数	a common measure
最大公約数	the greatest common measure

GCM と略すことがある。

鋭角	an acute angle
直角	a right angle

right は「直角の」という意味。

鈍角	an obtuse angle

obtuse は「愚鈍な」という意味。

内角	an interior angle
錯角	an alternate angle

alternate は「互い違いの」という意味。

図形	a figure
縮図	a miniaturized figure
拡大図	an enlarged figure
正多角形	a regular polygon

-gon はギリシア語の「角」に由来する。

三角形	a triangle

tri- はギリシア語の「3」に由来する。ギリシア語に由来する数字の表現としては、「1」が mono-、「2」が di-、「4」が tetra- がある。(「5」以上は別項目に記載。)

正三角形	a regular triangle

regular は数学で言う「正の」の意味。equilateral（=等辺の）triangle とも言う。

直角三角形	a right triangle

二等辺三角形	an isosceles triangle

isosceles は「等脚の」という意味。

四角形	a square

正方形	a regular square

菱形	a diamond

平行四辺形	a parallelogram

台形	a trapezoid

五角形	a pentagon

penta- はギリシア語の「5」に由来する。アメリカ国防総省の建物は五角形であるため、the Pentagon とも呼ばれる。

六角形	a hexagon

hexa- はギリシア語の「6」に由来する。

七角形	a heptagon

hepta- はギリシア語の「7」に由来する。

八角形	an octagon

octa- はギリシア語の「8」に由来する。

円	a circle

楕円	an oval

直径	the diameter of a circle

半径	the radius of a circle

円周	the circumference of a circle

～の体積	the volume of～

合同	congruence

「合同の」は congruent と言う。

線対称	line symmetry

点対称	point symmetry

対称の軸	a symmetry axis

対称の中心	a symmetry point

正比例	direct proportion

A is in direct proportion to B で、「A は B に正比例する」という意味。

反比例	inverse proportion

正多面体	a regular polyhedron

poly- は「多量の」を意味する。

正四面体	a regular tetrahedron

tetra- は「4」を意味する。

展開図	a development (view)

円柱	a round pillar

角柱	a square pillar

円錐	a cone

「アイスクリームコーン (ice cream cone)」の cone は「円錐」のことで、corn（トウモロコシ）ではない。

角錐	a pyramid

教師用直角三角形定規	a large right triangle (for teachers to use on the classroom's blackboard or whiteboard)
教師用二等辺三角形定規	a large isosceles triangle (for teachers to use on the classroom's blackboard or whiteboard)
教師用分度器	a large protractor (for teachers to use on the classroom's blackboard or whiteboard)
教師用算盤	a large abacus (for teachers to use on the classroom's blackboard or whiteboard)
教師用コンパス	a large compass (for teachers to use on the classroom's blackboard or whiteboard)

a compass には「方位磁石」の意味もある。

一の位（1位数）	a digit

もとは「手足の指」の意味。

十の位（2位数）	a tens digit
百の位（3位数）	a hundreds digit
千の位（4位数）	a thousands digit
長さ	a length
広さ（面積）	an area
かさ（体積）	a volume
かさ（容積）	a capacity
十進法	the decimal system

二進法	the binary system
ミリメートル（mm）	millimeter

milli- はラテン語で1000の意味であるが、メートル法（the metric system）では「1000分の1」という意味。

センチメートル（cm）	centimeter

centi- はラテン語で100の意味であるが、メートル法（the metric system）では「100分の1」という意味。

メートル（m）	meter
ミリリットル（mL）	milliliter
センチリットル（cL）	centilite

日本ではあまり使わない単位であるが、ヨーロッパでは飲料容器によく見られる。

デシリットル（dL）	deciliter

deci- はラテン語で10の意味であるが、メートル法（the metric system）では「10分の1」という意味。

リットル（L）	liter
直線	a straight line
曲線	a curved line
頂点	the apex
辺	a side

「4角形の4辺」は the four sides of a square と言う。

単位	a unit
イコール	equal

「A＋B＝C」は A pus B equals（もしくは is equal to）Cのように使う。

等号（＝）	an equal sign
大なり（＞）	is greater than

「A＞B」は A is larger than B と言う。

小なり（＜）	is less than

「A＜B」は A is less than Bと言う。

不等号（＞、＜）	an inequality sign

それぞれ、a greater-than sign、a less-than sign と言う。

キロメートル（km）	kilometer

kilo- は「1000」という意味。（データ容量で用いられる mega は100万、tera は1兆の意味）。

グラム（g）	gram
キログラム（kg）	kilogram
小数点	a decimal place
小数第1位	the first decimal place

「小数第2位」は the second decimal place と言う。

万（1万）	ten thousand
億（1億）	(a) hundred million
兆（1兆）	(a) trillion
概数	a rough figure
四捨五入	rounding

「小数第1位で四捨五入する」は round off the first decimal place と言う。

平方センチメートル（1 cm²）	(a) square centimeter
平方メートル（1 m²）	(a) square meter
アール（1 a）	(an) are

10メートル四方のこと。

ヘクタール（1 ha）	(a) hectare

100メートル四方のこと。hecto-は「100」という意味。

平方キロメートル（1 km²）	(a) square kilometer
立方センチメートル（1 cm³）	(a) cubic centimeter
立方メートル（1 m³）	(a) cubic meter
角度（°）	an angle

「〜°」は 〜degrees（1°の際は単数形）と読む。

棒グラフ	a column graph（縦方向）、a bar graph（横方向）
折れ線グラフ	a line graph
円グラフ	a pie graph
帯グラフ	a rectangle graph
以上	〜and over

日本語の「〜以上」はその数字を含むが、英語の more than〜はその数字を含まない（＝より大きい）ので注意する。

以下	〜and below

日本語の「〜以下」はその数字を含むが、英語の less than〜はその数字を含まない（＝未満）ので注意する。

未満	less than〜
分数	a fraction
分母	a denominator
分子	a numerator

化学の「分子」は molecule と言う。

2分の1	a half
4分の1	a quarter
3分の1	a third

第10章

3分の2	two thirds

分母は序数詞で表し、分子が2以上の時は複数形となる。

真分数	a proper fraction
仮分数	an improper fraction
帯分数	a mixed fraction
約分	reduction ((of fractions) to the smallest denominator)

「(分数を) 最小の分母に変換する」という意味。「約分する」の場合は動詞の reduce を用いる。

通分	reduction ((of fractions) to a common denominator)

「(分数を) 共通の分母に変換する」という意味。

並行	parallelism

「平行な」は parallel と言う。

垂直	verticality
対角線	a diagonal line
平面	a plane

a flat surface とも言う。

円周率（π）	pi
百分率	a percentage
底辺	the base
高さ	the height
底面	the underside
側面	a side
比率	a ratio
平均値	the mean value

average とも言う。

中央値	the median
最頻値	the mode
誤差	an error

「誤差の範囲」は a margin of error と言う。

階級	a class
度数分布	a frequency distribution
分布図	a dot map
確率	a probability
順列（並べ方）	a permutation

「nPr」は n-p-r、n permute r などと読む。

| 組み合わせ | a combination |

「nCr」は n-c-r、n choose r などと読む。

| 速さ | a velocity |

一般的には speed とも言う。音楽では tempo と言う。

| 割合 | a proportion |

a rate とも言う。

| 未知数 | an unknown |

| 変数 | a variable |

| 無限大（∞） | infinity |

∞は the infinity sign と言う。

| 二乗 | square |

「3の2乗」は the square of 3 と言う。「～の**平方根**」は square root of～と言う。

| 三乗 | cube |

「3の3乗」は the cube of 3 と言う。「～の**三乗根**」は cube root of～という。「～の4乗」は～to the power of four のように言い、「～の4乗根」は fourth root of～とする。

| ダッシュ（'） | prime |

「A'（エーダッシュ）」は A prime と読む。「ダッシュ（a dash）」は文中に用いる記号（―）の他「短距離走」という意味もある。

| 階乗（！） | a factorial |

「7の階乗」は factorial seven と言う。

第 11 章　理科

理科で学ぶこと・理科室の備品など

【化学】

物質・エネルギー	materials and energy
生命・地球	life and the earth
実験	an experiment
実験台	an experiment table
ビーカー	a beaker
試験管	a test tube
試験管立て	a test-tube stand
試験管挟み	a test-tube clamp
フラスコ	a flask
シャーレ	a petri dish

「シャーレ」はドイツ語の Schale に由来する。

漏斗	a funnel
漏斗台	a funnel stand
アルコールランプ	an alcohol lamp

a spirit lamp とも言う。spirit は「アルコール」の他に「呼吸、霊、精神」などの意味もある。

蒸発皿	an evaporating dish
メスシリンダー	a graduated cylinder

「メスシリンダー」はドイツ語の Messzylinder に由来する。

濾紙	filter paper
スポイト	a pipette

「スポイト」はオランダ語の spuit に由来する。a syringe（「注射器」）とも言う。

棒温度計	a bar thermometer

a bar は「棒」という意味。

水溶液	an aqueous solution

a water solution とも言う。

塩酸	hydrochloric acid

「希塩酸」は diluted hydrochloric acid、「濃塩酸」は concentrated hydrochloric acid と言う

硫酸	sulfuric acid
ホウ酸	boric acid
水酸化ナトリウム	sodium hydroxide

sodium は「ナトリウム」の意味で、Natrium はドイツ語。

過酸化水素水	hydrogen peroxide solution

solution は「水溶液」という意味。

二酸化マンガン	manganese dioxide
石灰水	limewater
酸素	oxygen
窒素	nitrogen
水素	hydrogen
二酸化炭素	carbon dioxide

「一酸化炭素」は carbon monoxide と言う。

酸性	acidity

「酸性の」は acid と言う。

アルカリ性	alkalinity

「アルカリ性の」は alkaline と言う。

中性	neutrality

「中性の」は neutral と言う。

リトマス試験紙	litmus paper
元素	an element

「元素周期表」は a periodic table of elements と言う。

希土類元素	a rare-earth element

「レアアース」と呼ばれる。earth は「土」という意味。

薬品庫	a chemical storage cabinet

「薬局（a pharmacy）」の「薬品保管庫」は a medicine cabinet という。

集気瓶	a gas collection bottle
集気瓶ふた	the lid of a gas collection bottle
溶けかた	the dissolving process
炎色反応	flame reaction
クロマトグラフィー	chromatography
原子	an atom
分子	a molecule
化学反応	a chemical reaction

第11章

【物理】

回路	a circuit
直列つなぎ	a serial circuit
並列つなぎ	a parallel circuit
検流計	a galvanometer
発光ダイオード LED と略すことがある。	a light emitting diode
電流計 an amperemeter とも言う。	an ammeter
電圧計	a voltmeter
発電機	a power generator
光電池	a photocell
電磁石	an electromagnet
時計回り 「右回り」と同じ意味。「反時計回り（左回り）」は counterclockwise と言う。	clockwise
直流 DC と略すことがある。	direct current
交流 alternate は「交互の」という意味。AC と略すことがある。	alternating current
乾電池 a dry cell、a dry battery という言い方もある。乾電池は電解液が容器内の固体に吸着されており、液体のままである「湿電池（wet cell battery）」と対比される。cell は「細胞、独房、小部屋」などの意味があり、「携帯電話（cell phone）」の cellular は「通信区域」を意味する。	a dry-cell battery
蓄電池 storage は「貯蔵」という意味。	a storage battery
単1電池	a D-size battery
単2電池	a C-size battery
単3電池 AA は double A と読むので、不定冠詞は an ではなく a である。A と B も電池の規格としては存在するが日常的には用いられていない。規格が定められた際には A が最小サイズだったが、その後さらに小型化したので A を重ねて表示するようになった。ただし、これはアメリカでの言い方で、国際規格では単1アルカリ電池は LR20、単2アルカリ電池は LR14、単3アルカリ電池は LR6 と言う。	a AA-size battery
単4電池 AAA は triple A と読むので、不定冠詞は an ではなく a である。	a AAA-size battery
アルカリ電池	an alkaline battery
ボタン型電池	a coin battery

充電式の	rechargeable

「充電式乾電池」は a rechargeable dry cell battery と言う。

ボルト	volt

「電圧」は the voltage と言う。

アンペア	ampere

オーム	ohm

抵抗	resistance

ショート	a short (circuit)

燃焼	combustion

「内燃機関」は an internal combustion engine と言う。

天秤	a balance

分銅	a weight

棒磁石	a bar magnet

U 字形磁石	a horseshoe magnet

horseshoe は「馬蹄」という意味。「永久磁石」は a permanent magnet と言う。

豆電球	a miniature bulb

太陽電池	a solar cell (panel)

モーター	a motor

motor は「エンジン」も意味するので、模型用の小型直流モーターは mini electric motor とするとわかりやすい。

振り子	a pendulum

磁力	a magnetic force

コイル	a coil

導線	a lead

てこ	a lever

てこの原理	the principle of leverage

lever は「装置」を、leverage はその「作用」を意味する。

釣り合い	balance

支点	the fulcrum

力点	the point of force

説明する際には、the point of a lever where force is applied とする。

作用点	the point of load

水鉄砲	a water pistol

警備用の「放水銃」は a water canon と言う。

滑車	a pulley
磁界	a magnetic field
導体	a conductor
空気の圧縮	air compression
水の三態	the three states of water
結露	water condensation

condensation は「凝縮、濃縮」という意味。

飽和	saturation
飽和水蒸気	saturated water
対流	convection

「マントル対流」は mantle convection と言う。

【生物】

プレパラート	a prepared specimen

「準備された標本」という意味。a preparation とも言う。「プレパラート」はドイツ語に由来する。

スライドガラス	a slide glass

剥製	a stuffed animal

「鳥の剥製」は a stuffed bird と言い、「(動物の) ぬいぐるみ」は a stuffed toy animal と言う。

顕微鏡	a microscope
接眼レンズ	an eye lens
対物レンズ	an objective lens
虫眼鏡	a magnifier
捕虫網	an insect net
昆虫標本	an insect specimen
球根	a bulb

「電球」も a bulb と言う。

発芽	germination

肥料	fertilizer

自然由来の肥料は manure と言う。

おしべ	a stamen
めしべ	a pistil
花びら (花弁)	a petal
萼	a calyx
花粉	pollen
受粉	pollination
種子	a seed
結実	fructification

fruition とも言う。bear fruit は「結実する」という意味。

双葉	a seed leaf
本葉	a true leaf
茎	a stem
幹	the trunk
挿し木	a cutting

「切り取ったもの」という意味。

接ぎ木	a graft

移植手術に用いる皮膚や血管などの組織も「グラフト」と言う。

枝	a branch

地下茎	an underground stem

a subterranean stem とも言う。sub は「下」、terrain は「地面」という意味。

導管	a vessel

光合成	photosynthesis

呼吸	respiration

動物、植物共に用いる。

蒸散	transpiration

裸子植物	a gymnosperm

被子植物	an angiosperm

シダ植物	a fern

菌類	fungi

単数形は fungus。

藻類	algae

脊椎動物	a vertebrate

vertebra は「脊椎」という意味。

無脊椎動物	an invertebrate

in- は「〜ではない」を意味する。

草食動物	an herbivore

a plant-eating animal、grazer とも言う。

肉食動物	a carnivore

a flesh-eating animal, a meat-eating animal, a meat eater とも言う。carnival は「謝肉祭」を意味する。

食物連鎖	the food chain

生態系	an ecosystem

「生態」は ecology と言う。

自然選択	natural selection

適者生存	the survival of the fittest

進化論	the theory of evolution

共通の祖先	a common ancestor

在来種	a native species

外来種	an introduced species

冬眠	hibernation

winter sleep とも言う。「冬眠中のクマ」は a hibernating bear と言う。

夜行性動物	a nocturnal animal

nocturne は「夜想曲」という意味。

哺乳類	a mammal
両生類	an amphibian
齧歯類	a rodent
食虫植物	a carnivorous plant
雌雄	male and female
完全変態	complete metamorphosis

「正常ではない」という意味での「変態」は abnormal と言う。

不完全変態	incomplete metamorphosis
産卵	egg-laying
幼虫	a larva

不完全変態のものは a nymph とも言う（nymph には「妖精」という意味もある）。

イモムシ	a caterpillar
さなぎ	a pupa
繭	a cocoon
羽化	emergence

emergence は「出現」という意味。動詞は emerge。

成虫	an adult insect

an imago とも言う。

触角	an antenna

通信機器の「アンテナ」と同じ。

ヒトデ	a starfish
ウニ	a sea urchin
カブトムシ	a rhinoceros beetle

beetle は「甲虫目の昆虫の総称」であり、rhinoceros は「サイ」を意味する。

クワガタムシ	a stag beetle

stag は「雄鹿」という意味。

テントウムシ	a ladybird
カマキリ	a mantis
ミミズ	an earthworm
クラゲ	a jellyfish
イソギンチャク	a sea anemone

第11章

ミジンコ	a water flea
a flea は「のみ」という意味。	
メダカ	a Japanese killifish
a Japanese rice fish とも言う。	
えら	(the) gills (of a fish)
淡水魚	a freshwater fish
海水魚	a saltwater fish
ゾウリムシ	a paramecium
ミドリムシ	a Euglena gracilis
モンシロチョウ	a cabbage butterfly
アゲハチョウ	a swallowtail butterfly
へちま	a loofa
雄花	a male flower
a staminate flower とも言う。	
雌花	a female flower
a pistillate flower とも言う。	
銀杏	a ginkgo (tree)
紫陽花	a hydrangea (tree)
ムラサキツユクサ	(a) spiderwort (plant)
布袋葵	a water hyacinth (plant)
ヒヤシンス	a hyacinth (flower)
ひまわり	a sunflower
水仙	a narcissus
Narcissus はギリシア神話に登場する人物で、自分の姿に恋い焦がれて溺死した。a narcissist は「自己陶酔する人（ナルシシスト）」という意味。	
水媒花	a wind-pollinated flower
pollinate は「受粉する」という意味。	
風媒花	a water-pollinated flower
虫媒花	an insect-pollinated flower
鳥媒花	a bird-pollinated flower
落葉	defoliation
「落ち葉」は fallen leaves と言う。	
孵化	incubation
「孵化器」は an incubator と言う。	

消化・吸収	digestion and absorption
唾液	saliva
胃液	gastric juice
胆汁	bile
膵液	pancreatic juice
でんぷん	starch
タンパク質	protein
ブドウ糖 glucose とも言う。	grape sugar
アミノ酸	an amino acid
脂肪酸	a fatty acid
細胞	a cell
細胞分裂	cell division
アデニン	adenine
シトシン 発音注意。	cytosine
チミン 発音注意。	thymine
グアニン	guanine

人体骨格模型　a human skeleton model

skeleton とは「骨格・骨組み」という意味であるから、「透明の」という意味で「スケルトン」と言うのは英語的には誤用。「透明の」は see-through（シースルー）もしくは transparent と言う。「半透明の」は translucent、「不透明の」は opaque と言う。

人体解剖模型　a human anatomical model

an anatomical model、an anatomy manikin とも言う。衣料品展示用人形の「マネキン」は発音は同じだがアメリカ英語では manequin と綴る。この他、「（マヌカン（（衣料品店の）モデル兼販売員）」はフランス語の mannequin に由来する。

臓器	internal organs
骨	a bone
筋肉	a muscle
口	the mouth
食道	the esophagus
胃	the stomach
十二指腸 ラテン語で「十二」という意味。	the duodenum

小腸	the small intestine
虫垂	the appendix

appendix には「付録」という意味もある。

大腸	the large intestine
血液	blood
心臓	the heart
肺	the lungs

「肺炎」は pneumonia と言う。

気管	the trachea
気管支	a bronchus

「気管支炎」は bronchitis と言う。

横隔膜	the diaphragm
膵臓	the pancreas
脾臓	the spleen
肝臓	the liver
膀胱	the bladder
胆嚢	the gall bladder
腎臓	the kidneys
子宮	the womb

解剖学的には the uterus と言う。

卵巣	an ovary
卵管	the fallopian tubes
胎盤	a placenta
へその緒	an umbilical cord
受精卵	a fertilized egg

「未受精卵」は an unfertilized egg と言う。

胎児	a fetus, an embryo

妊娠8週間以前は an embryo、それ以降は a fetus と言う。

腱	a tendon
軟骨	cartilage
骨髄	bone marrow
骨盤	the pelvis
消化	digestion

吸収	absorption
消化器系	the digestive system
神経系	the nervous system
生殖器系	the reproductive system
循環器系	the circulatory system
呼吸器系	the respiratory system
動脈	an artery
静脈	a vein
毛細血管	a capillary
冠動脈	a coronary artery
大脳	the cerebrum
小脳	the cerebellum
脊髄	the spinal cord
鼓膜	an eardrum
三半規管 「半規」とは「半円」という意味。	the (three) semicircular canals (of the ear)
みみたぶ	an earlobe
耳小骨	auditory ossicles
眼球	an eyeball
眉毛	an eyebrow
まつげ	an eyelash
舌	the tongue
奥歯	a back tooth
前歯	a front tooth
上の歯	an upper tooth
下の歯	a lower tooth
親知らず	a wisdom tooth
犬歯	a canine (tooth)

【地学】

天体望遠鏡	an astronomical telescope
地球儀	a globe
月球儀	a moon globe
星座早見盤	a table of constellations

百葉箱　an instrument shelter
発明者スティーブンソンに因んで a Stevenson screen とも言う。

気圧計　a barometer
「○○のバロメーター」のように比喩的に用いることもある。

ハンマー	a hammer

岩石園　a rockery
a rock garden、an alpine garden とも言う。「石庭」も rock garden である。

水槽	a water tank
火山模型	a volcanic model
浸食	erosion
堆積	accumulation

カール　a cirque
氷河の侵食でできた窪地。「カール」はドイツ語の Kar に由来する。

カルデラ　a caldera
火口付近の陥没でできた地形。水がたまったものは「火口湖（a caldera lake）」という「カルデラ」はラテン語で「大釜」という意味。

氷山	an iceberg

砂漠　a desert
食品の「デザート」は dessert（アクセント位置注意）と言う。

礫	gravel

砂　sand
「砂岩」は sand stone と言う。

泥	mud
泥岩	mudstone
火山岩	volcanic rock
流紋岩	rhyolite
安山岩	andesite
玄武岩	basalt
深成岩	plutonic rock

花崗岩	granite
閃緑岩	diorite
はんれい岩	gabbro
堆積岩	sedimentary rock
火山灰	volcanic ash
火山弾	a volcanic bomb
軽石	(a) pumice (stone)
セメント	cement

コンクリート concrete
セメントに砂利や砂と水を混ぜたもの。「**鉄筋コンクリート**」は reinforced concrete と言う。concrete には「具体的な」という意味もある（この場合の反意語は abstract）。

溶岩	lava
地層	a layer

断層 a fault
「活断層」は an active fault と言う。

地滑り a landslide
選挙などの「圧倒的勝利」を a landslide victory と言う。

マグマ	magma
マントル対流	mantle convection
地割れ	crack

液状化現象 liquefaction
「液化」という意味。

地震計	a seismometer

震源 the focus of an earthquake
地中の地震発生点を指す。

震央 the epicenter
震源の真上の地表の一点を指す。

震度	the intensity of an earthquake

マグニチュード magnitude
海外では考案者リヒターに因んで magnitude~on the Richter scale と表されることが多い。日本での規準は気象庁が設定している。

風化 weathering
「天候」の weather と同じ。「伝統」や「記憶」が「風化する」ことは fade out（徐々に消える）と言う。

化石 a fossil
「生きた化石」は a living fossil と言う。

春分	the spring equinox

equi- は「等しい」、-nox は「夜」という意味。

秋分	the autumnal equinox

夏至	the summer solstice

solstice は「分岐点」という意味。夏至の日の太陽は伊勢二見の夫婦岩の間から昇ることで有名。

冬至	the winter solstice

冬至の日の太陽は伊勢神宮内宮の宇治橋の正面から昇ることで有名。

南中	southing

「南中時刻」は southing time と言う。

新月	a new moon

三日月	a crescent (moon)

上弦の月	a waxing moon

wax は「成長する」という意味。

半月	a half-moon

下弦の月	a waning moon

wane は「衰える」という意味。

満月	a full moon

重力	gravity

「重心」は the center of gravity と言う。

自転	rotation

公転	revolution

「革命」も revolution と言う。

惑星	a planet

「恒星」は「規則的に動く」星、「惑星」は「逆行 (retrograde motion) などで不規則に動く」星であることから名付けられた。

軌道	an orbit

鉄道用語としての「軌道」は a railroad (track)と言う。

楕円軌道	an elliptical orbit

水星	Mercury

ローマ神話のビジネスや旅行の守護神に由来する。

金星	Venus

ローマ神話の美の女神に由来する。

地球	Earth

the Earth とも表記する。earth は「大地、土壌」という意味もある。

火星	Mars

ローマ神話の戦争の神に由来する。

小惑星	asteroid
木星	Jupiter
ローマ神話の最高神に由来する。	
土星	Saturn
ローマ神話の農耕神に由来する。	
天王星	Uranus
ギリシア神話の天空の神に由来する。	
海王星	Neptune
ローマ神話の海の神に由来する。	
冥王星	Pluto
ギリシア神話の冥府の神に由来する。かつて太陽系の惑星であったが、2006年より「**準惑星（a dwarf planet）**」となった。	
衛星	a moon
a satellite とも言う。「土星の衛星」は a moon（もしくは satellite）of Saturn と言う。「**人工衛星**」は an artificial satellite と言う。	
彗星	a comet
隕石	a meteorite
一等星	a first-magnitude star
magnitude は「規模」という意味。地震の規模でも用いる。	
二等星	a second-magnitude star
星座	a constellation
星雲	a nebula
星団	a star cluster
銀河	the Milky Way
総称としては a galaxy という。	
オリオン座	Orion
北斗七星	the Big Dipper
「大熊座」は the Great Bear と言う。	
北極星	the North Star
Polaris とも言う。	
夏の大三角	the Summer Triangle
アンタレス	Antares
「さそり座」は the Scorpion もしくは Scorpio と言う。	
ベガ	Vega
「こと座」は the Lyre と言う。	

第11章

アルタイル	Altair

「わし座」は the Eagle と言う。

冬の大三角	the Winter Triangle
ベテルギウス	Betelgeuse

「オリオン座」は the Hunter、Orion と言う。「オリオン座の三つ星」は Orion's Belt と言う。

シリウス	Sirius

「おおいぬ座」は the Greater Dog もしくは Canis Major と言う。

プロキオン	Procyon

「こいぬ座」は the Lesser Dog もしくは Canis Minor と言う。

カシオペア座	Cassiopeia
白色矮星	a white dwarf
赤色巨星	a red giant
新星	a nova

「超新星」は a supernova と言う。

主系列星	a main-sequence star
高気圧	a high-pressure system
低気圧	a low pressure system
熱帯低気圧	a tropical cyclone
温帯低気圧	an extratropical cyclone
台風	a typhoon

中国語の「大風」に由来するという説がある。太平洋（the Pacific Ocean）で発生したものを指し、「サイクロン（a cyclone）」はインド洋（the Indian Ocean）で発生したものを、「ハリケーン（a hurricane）」はカリブ海（the Caribbean Sea）やメキシコ湾（the Gulf of Mexico）で発生したものを指す。日本国内では発生順に番号（台風〜号）で表記するが、アジア各国の言語に基づく共通の名称としてアジア名が付けられている。

天気図	a weather chart
気団	an air mass

「シベリア寒気団」は a Siberian cold air mass と言う。

予報円	the forecast circle
気象衛星	a weather satellite

「通信衛星」は a communications satellite と言う。

アメダス	AMeDAS

Automated Meteorological Data Acquisition System（自動気象データ収集システム）の省略形。

雹	hail
注意報	an advisory
警報	a warning

放射冷却	radiative cooling

radiation は「放射、放射能」という意味。

西高東低	high barometric pressure to the west, low pressure to the east
夕焼け	a sunset glow
朝焼け	a morning glow
虹	a rainbow

虹の色は日本では7色と認識されるが、アメリカでは「藍色 (indigo)」がなく6色とすることが多い。キリスト教では箱船 (Noah's Arc) に乗って洪水 (Noah's flood, the Flood) を免れたノアと神との間でなされた、再度洪水をおこさないという契約のしるし (the covenant bow) とされている。

熱波	a heat wave
寒波	a cold wave
温暖前線	a warm front
寒冷前線	a cold front
停滞前線	a stationary front
梅雨前線	the seasonal rain front
ゲリラ豪雨	a sudden downpour

a torrential downpour とも言う。英語では「土砂降り」を rain cats and dogs とも言う。これは、北欧神話では猫が雨を降らせ、犬が風を起こすとされていたことに由来する。

偏西風	the (prevailing) westerlies

prevailing は「広範囲にわたる、優勢な」という意味。

貿易風	a trade wind

帆船が貿易風を用いて航海したことに由来する。

ジェット気流	the jet stream
上流	the upper reaches of a river

upstream from は「上流の〜」という意味。

下流	the lower reaches of a river
川原の石	a stone on a dry riverbed
雨の降り方	how rain falls
雲の量	the amount of cloud cover
層雲	a stratus cloud

「きり雲」とも言う。strato-は「層の」という意味。

積雲	a cumulus cloud

「わた雲」とも言う。cumul- は「積もった」という意味。

層積雲	a stratocumulus cloud

乱層雲	a nimbostratus cloud
「雨雲」とも言う。nimbo-は「雨雲の」という意味。	
高層雲	an altostratus cloud
alto-は「高い」という意味。	
高積雲	an altocumulus cloud
「ひつじ雲」とも言う。	
積乱雲	a cumulonimbus cloud
「入道雲」とも言う。	
巻積雲	a cirrocumulus cloud
「うろこ雲」とも言う。cirro-は「巻いた」という意味。	
巻層雲	a cirrostratus cloud
「うす雲」とも言う。	
巻雲	a cirrus cloud
「すじ雲」とも言う。	
オゾン層	the ozone layer
錯覚	an (sensory) illusion
古生代	the Paleozoic era
カンブリア紀	the Cambrian period
オルドビス紀	the Ordovician period
シルル紀	the Silurian period
デボン紀	the Devonian period
石炭紀	the Carboniferous period
二畳紀	the Permian period
中生代	the Mesozoic era
三畳紀	the Triassic period
ジュラ紀	the Jurassic period
白亜紀	the Cretaceous period
新生代	the Cenozoic period

第 12 章　音楽科

音楽科で学ぶこと・音楽室の備品など

作曲家肖像画	a portrait of a composer
交響楽団	a symphonic orchestra
ブラスバンド brass は「真鍮の」という意味。	a brass band
管楽器	a wind instrument
木管楽器	a woodwind instrument
金管楽器	a brass (wind) instrument
弦楽器	a stringed instrument
打楽器	a percussion instrument
鍵盤楽器	a keyboard instrument
ハーモニカ	a harmonica
鍵盤ハーモニカ 「ピアニカ」は商標名。	a keyboard harmonica
黒鍵	a black key
白鍵	a white key
リコーダー	a recorder
ラッパ 主に軍隊でもちいられる合図のために用いられるバルブの無い管楽器は a bugle と言う。「喇叭」と漢字で表記するがその経緯は不詳。	a trumpet
大太鼓	a big drum
小太鼓	a small drum
ばち 三味線の「撥（ばち）」は a pick と言う。	a drumstick
トライアングル	a triangle
シンバル 複数形で表記する。	cymbals
エレクトーン 「エレクトーン」は商標名。	an electronic organ
ギター	a guitar
カスタネット 複数形で表記する。	castanets
タンバリン	a tambourine
木琴 いわゆる「シロホン」のこと。	a xylophone

鉄琴 ドイツ語に由来する。	a glockenspiel
アコーディオン	an accordion
オカリナ	an ocarina
トランペット	a trumpet
チューバ	a tuba
ホルン	a horn
サクソフォーン 木管楽器に属する。	a saxophone
クラリネット	a clarinet
フルート 木管楽器に属する。	a flute
オーボエ	an oboe
ビオラ	a viola
チェロ	a cello
コントラバス	a contrabass
箏	a koto
和太鼓	a Japanese drum
祭り囃子	festival music
合唱 異なる声部があるもの。「混声合唱」は mixed chorus と言う。	a chorus
斉唱 同じ旋律で同時に歌うこと。sing in unison で「斉唱する」という意味。	unison
独唱	a solo
輪唱	a round
わらべうた	a children's song
二重奏（唱） a trio（三重奏）、a quartet（四重奏）、a quintet（五重奏）のように用いる。	a duet
作詞	lyrics by …
作曲	music by …
盆踊り	a Bon festival dance
踊りの音楽	music for dancing
ハ長調	C major

イ短調	A minor
楽譜	a musical score
旋律	a melody
音色	a tone
和音	a chord
音階	a (musical) scale
音符	a (musical) note
全音符	a whole note
二分音符	a half note
四分音符	a quarter note
八分音符	an eighth note
休止符	a rest
四分休符	a quarter rest
タイ	tie
スラー	slur
アクセント	accent
スタッカート	staccato
ブレス	a breathing mark
ト音記号	a G clef
ヘ音記号	an F clef
速度記号	a tempo mark
速度 理科では「速度（速さ）」は velocity と言う。	tempo
シャープ（嬰音）	a sharp
フラット（変音）	a flat
ナチュラル	natural
半音 a semitone とも言う。	a halftone
全音	a whole tone
フォルテ（強く） 楽器の「ピアノ」はかつて a fortepiano もしくは a pianoforte と呼ばれた（弱い音と強い音が自在に出せることに由来する）。	forte
ピアノ（弱く）	piano

メゾフォルテ（やや強く）	mezzo forte
メゾピアノ（やや弱く）	mezzo piano
聴唱する	sing by listening (without a musical score)

「(楽譜なしで) 聞いて歌う」という意味。

視唱する	sing at sight (with a musical score)

「(楽譜を) 見て歌う」という意味。at sight は「見てすぐに」の意味。sight-singing とも言う。

ソプラノ	soprano
メゾソプラノ	mezzo-soprano
アルト	an alto
テノール	a tenor
バリトン	a baritone
バス	a bass
夜想曲	a nocturne
行進曲	a march
交響曲	a symphony
協奏曲	a concerto
即興曲	an impromptu song
間奏曲	an interlude

intermezzo とも言う。

練習曲	an etude
序曲	a prelude
歌劇	an opera
小歌劇	an operetta
輪唱曲	a canon
祝歌	a carol
輪舞曲	a rondo
受難曲	a Passion

the Passion は「キリスト受難」という意味で、大文字で始める。

幻想曲	a fantasia
終曲	a finale
変奏曲	a variation
遁走曲	a fugue
狂詩曲	a rhapsody

鎮魂曲	a requiem
円舞曲	a waltz
組曲	a suite

suite は「スイートルーム（一続きの部屋）」という意味もある。

第13章　図画工作科

図画工作科で学ぶこと・図画工作室の備品など

画板	a drawing board
水彩絵の具	watercolors

「水彩画」は a watercolor painting（画法の場合は watercolor painting）と言う。

油絵の具	oil paints

「油絵」は an oil painting（画法の場合は oil painting）と言う。

顔料	a pigment
染料	a dye
絵筆	a painting brush
彫像	a statue
工作台	a worktable
万力	a vise
画用紙	drawing paper
粘土	clay

「紙粘土」は paper clay と言う。

クレヨン	a crayon
釘	a nail
小刀	a knife
鋸	a saw
金槌	a hammer
針金	a piece of wire
糸鋸	a fretsaw

電動のものは a jigsaw と言う。

段ボール	(corrugated) cardboard

corrugated は「波状の」という意味。

彫刻刀	a chisel
木版画	a woodblock print
エッチング	an etching
レリーフ	a relief

relief には「安心、救援（物資）」という意味もある。

モール	lace
三原色	the three primary colors (of pigment)

pigment は「顔料」という意味。色の三原色は yellow、magenta、cyan で、カラープリンターのインクカートリッジ等に表示される。「光の三原色（the three primary colors of light）」は red、green、yellow で、パソコン等のディスプレー装置などでは頭文字を取って RGB と記す。

暖色	a warm color

寒色	a cold color

補色	a complementary color

complementary は「補う、相補的な」という意味。

第 14 章　家庭科

家庭科で学ぶこと・家庭科室の備品など

（深い）鍋	a pot
（浅い）鍋	a pan
フライパン	a frying pan
フライ返し a turner とも言う。	a spatula
お玉 a ladle（ひしゃく）とも言う。	a large spoon
しゃもじ a rice paddle とも言う。	a rice scoop
椀（木製）	a (wooden) bowl
はかり	a cooking scale
計量カップ	a measuring cup
計量スプーン 「〜を大さじ1杯」は one tablespoonful of〜、「小さじ2杯」は two teaspoonfuls of〜という。	a measuring spoon
ざる strainer は「濾過器」という意味。	a basket strainer
洗い桶	a washing bowl
ボール 発音注意 [boul]。	a bowl
水切りかご	a (kitchen) drain-basket
たわし scrub は「ごしごしこする」という意味。	a scrubbing brush
スポンジ	a sponge
生ゴミ raw garbage とも言う。	kitchen waste
生ゴミ入れ a garbage bin (for raw garbage) とも言う。	a kitchen waste basket
卵泡立て器	an eggbeater
菜箸	long chopsticks (for cooking and serving food)
ガスコンロ 暖房器具のヒーターは heater と言う。	a stove
ガス栓	a gas valve
ゴム管	a rubber tube
蛇口 「水道水」は tap water と言う。	a faucet、a tap

包丁	a kitchen knife
調理台	a kitchen table
まな板	a cutting board
やかん	a kettle
布巾	a dish towel
弱火	a low fire

「弱火で煮る」は stew over a low fire と言う。火を用いない調理器具では a low fire と言う。

中火	a moderate fire
強火	a strong fire
煮る（とろ火）	stew
煮る（中・強火）	simmer
炒める	fry

「〜焼き」は fried〜と言う。

揚げる	deep-fry

「〜揚げ」は deep-fried〜と言う。

焼く（オーブンで）	roast
焼く（直火で）	broil
焼く（網で）	grill
焼く（パン）	bake
蒸す	steam
茹でる	boil
電子レンジ	a microwave oven

microwave は「超音波」という意味。

炊飯器	a rice cooker
IH 調理器	an IH cooker

IH は induction heating（誘導加熱）という意味。

献立	a menu
主食	a principal diet
副食（おかず）	a side dish

side dish には「コース料理の中心となる料理（main course）」に添えられた料理という意味もある、

根菜	a root vegetable
緑黄色野菜	a brightly-colored vegetable
穀類	grains

集合名詞として扱う。

ピーマン	a bell (green) pepper

「ピーマン」はフランス語の piment に由来する。

ねぎ	a Welsh onion

Welsh はイギリスのウェールズ地方ではなく、ここではドイツ語の「外国の」という意味（ODE）。

大根	a Japanese radish
にんじん	a carrot
もやし	bean sprouts

sprout は「芽」という意味。

筍	a bamboo shoot

shoot は「若芽」という意味。

ブロッコリー	broccoli

不可算名詞。ブロッコリー1株は a bunch of broccdi と言う。

キャベツ	a cabbage
レタス	lettuce

レタス1玉は a head of lettuce と言う。

豚肉	pork
牛肉	beef
挽肉	minced meat
鯖	a mackerel

魚を調理した「身」は不可算名詞となる。

さんま	a Pacific saury

saury は大西洋産のものを指す。

鰯	a sardine
海藻	seaweed

weed は「雑草」という意味なので、食用としては sea vegetable という言い方もある。laver とも言う。

栗	a chestnut

「マロン」はフランス語の marron に由来する。

竹輪	tube-shaped fish paste
蒲鉾	boiled fish paste in a semicylindrical shape

semicylinder は「半円筒の」という意味。

サラダ油	salad oil
ごま油	sesame oil
バター	butter
マーガリン	margarine

マヨネーズ	mayonnaise

短縮して mayo とも言う。

栄養素	a nutrient
タンパク質	(a) protein
脂質	(a) fat
炭水化物	(a) carbohydrate
無機質	a mineral
ビタミン	a vitamin
目玉焼き	a sunny-side up egg

「両面焼き」は a turn-over と言う。(an) egg は「生卵（a raw egg）」を指す場合があるので、加熱した場合は「ゆで卵（a boiled egg）」、「卵焼き（a fried egg）」などとする。卵を溶いて焼いた「オムレツ」は an omelet (te) と言う。卵の「黄身」は (an) egg yolk、「白身」は (an) egg white と言う。

炒り卵	scrambled eggs

不可算名詞として単数扱い。

パン粉	breadcrumbs

crumbs は「（パンやケーキの本体から落下した）小片」（OALD）を表す。発音注意（b は読まない）。海外の breadcrumbs は日本のパン粉よりも細かい。近年ではより大粒で日本発祥の「パン粉」が panko として売られている例もある。

丼	a bowl

「丼物（どんぶりもの）」は a meal served in a bowl と言う。

もりつけをする	dish up (out) food
薄切り	a slice

「薄切りの」は sliced と言う。

たんざく切りにする	cut into thin rectangles

rectangle は「長方形」という意味。

加工食品	(a) processed food
缶詰	(a) canned food

「パイナップルの缶詰」は canned pineapple と言う。

洗い方	how to wash
切り方	how to cut
おろし金	a grater

「大根おろし」は grated radish と言う。

味の付け方	how to season

how to add flavor とも言う。

配膳	serving a meal
後片付け	clearing the table after a meal

家事	housework
家事分担 sharing the chores とも言う。	sharing the housework
被服台	a sewing table
裁縫用具	a sewing set
ミシン 「ミシン」は machine が訛ったもの。	a sewing machine
針	a needle
針刺し	a needle pad
折れ針入れ	a case for broken needles
裁ちばさみ shears は「大型のハサミ」という意味。	(a pair of) fabric shears
糸切りばさみ clippers は「小さなものを切るためのハサミ」という意味。	(a pair of) thread clippers
へら	a spatula
指ぬき	a thimble
縫い糸	sewing thread
巻き尺	a tape measure
玉結び（をする）	(make) a knot at the end of a thread
ボタン	a button
ボタン穴	a buttonhole
足つきボタン	a footed button
なみ縫い	a running stitch
本返し縫い	a backstitch
半返し縫い	a half backstitch
手縫い 「手縫いの〜」は a hand-sewn (sewed) 〜と言う。	hand sewing
リッパー	a (seam) ripper
ミシン縫い 「ミシン縫いの〜」は a machine-sewn (sewed) 〜と言う。	machine sewing
ボビン	a bobbin
下糸	a bobbin thread
上糸	a needle thread

アイロン	an iron
化学繊維	synthetic fiber
毛	wool
絹	silk
綿	cotton
麻	hemp
燃えるゴミ	burnable (combustible) trash

trash の代わりに waste も使用可。

燃えないゴミ	incombustible trash
粗大ゴミ	large-sized waste
リサイクルゴミ	recyclable resources
危険ゴミ	harmful waste
ゴミ収集車	a garbage truck
ゴミ置き場	a garbage collection area
ゴミ収集日	a trash collection day
石けん	soap
洗剤	detergent

「合成洗剤」は synthetic detergent と言う。

酸性の	acid
中性の	neutral
アルカリ性の	alkaline
洗濯機	a washing machine
乾燥機	a drier (dryer)

頭髪用の「ドライヤー」は a hair drier (dryer) と言い、「食器乾燥機」は a dish drier (dryer) と言う。

ハンガー	a (coat) hanger
洗濯かご	a laundry basket

laundry は「洗濯物、洗濯室、クリーニング店」という意味。

コインランドリー	(a) coin-operated laundry (machine)
洗濯ばさみ	a clothespin
物干しざお	a laundry pole
洗う	wash
すす（濯）ぐ	rinse
しぼ（絞）る	squeeze

干す	dry
たた（畳）む	fold
採光	lighting
照明	illumination
通気・換気	ventilation
清掃	cleaning
整理・整頓	organizing and tidying (up)

keeping things tidy や organizing and tidying up などとも言う。

家族・家庭生活	family and home life
衣食住の生活	life's basic necessities of food, clothing, and shelter
消費生活・環境	consumer life and environment
修繕	a repair
左官	a plasterer

plaster は「石膏、漆喰」という意味。古くは「左官」は土壁工事職人の官位であり、「右官」は大工職人の官位であった。

消費期限	the expiration date

the consume-by date とも言う。「期限の切れた」は past〜と言う。

賞味期限	the best-before date

the use-by date とも言う。「期限の切れた」は past〜と言う。

第 15 章　体育科

体育科で学ぶこと・体育施設・運動会種目など

体育館	a gymnasium
体つくり運動 strength の発音注意。	a strength-training activity
器械運動	gymnastics
陸上運動	a track-and-field activity
水泳運動	a swimming activity
ボール運動	a ball game
表現運動	an expressive activity
集団行動 座学での「グループ（班）活動」は a group activity と言い、an individual activity（単独活動）の反意語。	a group action
マット 「マット運動」は mat exercises と言う。	a gym mat
跳び箱 vault は「跳び越す」という意味。	a vaulting box
踏み切り板 体操競技で用いるスプリング構造のあるものは a springboard（飛び込み競技用のものと同じ表現）と言うが、考案者 Reuther に因んで「ロイター板」とも言う。	a takeoff board
平均台	a balance beam
側転 a cartwheel とは「荷車の車輪」の意味。「側転をする」は do cartwheels と言う。	a cartwheel
倒立 standing on one's hands（手の平の上に立つ）とも言う。	a handstand
前転 a forward roll with legs wide apart で「開脚前転」という意味。	a forward roll
後転	a backward roll
腕立て伏せ	a push-up
腹筋運動	a sit-up
ステージ	a stage
コート 衣類の「コート」は a coat。発音の違いに注意。	a court
ボール籠	a ball basket
折りたたみ椅子	a folding chair
鉄棒	a horizontal bar

逆上がり	a pullover (on a horizontal bar)

forward upward circling on a horizontal bar とも言う。「(鉄棒を手で握って) 引き寄せて (pull) 上方に覆いかぶさる (over)」という意味。a pullover はボタンのない頭からかぶるタイプの衣服という意味もある。

前回り (鉄棒)	a forward roll (on a horizontal bar)

マット運動の「前転」も a foreword roll と言う。

懸垂	a pull-up

a chin-up とも言う。

雲梯	a horizontal ladder

「水平に置いたはしご」という意味。

ブランコ	a swing

「ブランコ」はポルトガル語 balanço に由来するという説があるが、漢字では「鞦韆」とも記す。

砂場	a sandbox
朝礼台	a platform for the morning assembly

シーソー	a seesaw

saw は「鋸を引く」ことで、両端に取っ手のついた鋸を互いに引き合うことを指す。

ジャングルジム	a jungle gym
更衣室	a dressing room
飛び込み台	a diving board
ビート板	a kickboard
シャワールーム	a shower room
水質検査器	a water examination kit
浄化剤	water purifier
透視度計	a clarity meter
競技種目	a sporting event
100メートル走	a hundred-meter dash
ハードル走	a hurdle race
走り高跳び	a high jump
走り幅跳び	a long jump

ジャージ	a sweatshirt

日本語の「ジャージ」は上半身用も下半身用も指すが、a sweat shirt は上半身用。布地としての jersey (cloth)は伸縮性のある布素材を指し、a jersey は運動用に着用するシャツを意味する。

トレパン	(a pair of) sweatpants

「トレパン」は training pants に由来するが、英語では「おむつ (a diaper)」をはずすために幼児がはくパンツを指す。

運動靴	(a pair of) sports shoes

スパイクシューズ	(a pair of) spiked shoes
鼓笛隊	a marching band of recorders and drums
フォークダンス	a folk dance
大玉転がし	rolling a giant ball
リレー	a relay race
綱引き	a tug of war

tug は「強く引く（こと）」という意味。比喩的に「二大勢力間の激戦」という意味もある。

潜る	dive
浮く	float
鬼遊び	tag

「鬼ごっこをする」は play tag と言う。1人の子どもが他の子どもたちを追いかけ、タッチするゲームのこと。

リズム遊び	a rhythm exercise
クロール	crawl
平泳ぎ	breaststroke
バレーボール	volleyball

volley とは「地面に着く前にボールを返す（こと）」という意味。

バスケットボール	basketball
ドッジボール	dodgeball

dodge は「身をかわす（こと）、避ける（こと）」という意味。

ソフトバレーボール	soft volleyball
ソフトボール	softball
ハンドボール	handball
タグラグビー	tag rugby

ここでの tag は「鬼ごっこ」や「タッチアウト」で用いる「タッチする」という意味ではなく、「付け札」の意味で、ラグビーのタックルの代わりに奪取する腰に巻いたベルトを指す。

フラッグフットボール	flag football

アメリカンフットボールのタックルの代わりに腰に付けた旗を奪取することに由来する。

オリンピック	the Olympics

オリンピックはギリシアの地名オリンピアに由来する。日本では「五輪」と略されるが、これはシンボルマークの5つの輪を由来としている。

パラリンピック	the Paralympics

「パラ」は当初は paraplegia（「対麻痺」。下半身麻痺のこと）に由来したとされるが、現在ではギリシア語の para（「並行」の意味。英語では parallel）に由来するとされている。シンボルマークの the three agitos の「アギト」はラテン語の agito（「私は動く」の意味）に由来するとされているが、agito の本来の意味は研究社『改訂版羅和辞典』によれば「絶えず[激しく]動かす」という意味。

位置について！	On your mark.
用意！	Get set.
ドン！	Go.
気をつけ！	Attention!
休め！	At ease!
整列！	Line up!
前へならえ！	Line up at arm's length from the person in front!
小さく前へならえ！	Line up at a forearm's length from the person in front!

forearm は「下腕（ひじから腕まで）」という意味。

右へならえ！	Line up from right to left!
両手間隔	(standing) at two arm's length apart
片手間隔	(standing) at an arm's length apart
駆け足！	Quick march!
足踏み！	March in place!

in place は「その場で」という意味。

礼！	Bow!
体育座り	sitting holding your knees

「膝を抱えて座ること」という意味。

回れ右！	About face!

face は動詞で「転回する」という意味。

右向け右！	Right turn!
左向け左！	Left turn!
右回りに	clockwise
左回りに	counterclockwise
ショート	a shortstop

日本語では「遊撃手」と言う。

フォアボール	a walk

「フォアボール」は和製英語。一塁まで歩くから walk と言う。「敬遠」は意図的に walk を与えることなので、an intentional walk と言う。

デッドボール	hit by a pitch

「デッドボール」は和製英語。投球（pitch）に当たる（hit）こと。ball dead は試合の中断を指す。ラグビーでは dead ball line があるが、野球とは無関係。

犠牲フライ	a sacrifice fly
タッチアウト	tagging out

tag は「鬼ごっこ」で説明したように、「タッチすること」という意味。

| 三振 | a strikeout |

a swinging strikeout は「空振り三振」、a called strikeout は「見逃し三振」という意味。

| コールドゲーム | a called game |

call は「中止させる、宣告する」という意味。

| スクイズ | a squeeze |

squeeze は「絞ること、窮地」という意味。

| バント | a bunt |

| 引き分け | an even break |

a drawn game とも言う。

第 16 章　保健

保健室の備品・保健衛生など

保健室	a healthcare room
「養護教諭」は a nurse-teacher と言う。	
ピンセット	(a pair of) tweezers
ピンセットはオランダ語の pincet に由来する。「毛抜き」も同じ表現を用いる。	
包帯	a bandage
テープ	an adhesive tape
adhesive は「粘着性のある」という意味。	
絆創膏	a plaster
Band-Aid（バンドエイド）は商標名。	
救急箱	a first-aid kit
胃薬	stomach medicine
風邪薬	cold medicine
頭痛薬	headache medicine
下剤	a purgative
浣腸	an enema
ガーゼ	(a piece of) gauze
ガーゼ缶	a gauze can
体温計	a thermometer
室内の「温度計」も同じ表現を用いる。	
消毒剤	disinfectant
dis- は否定を意味する。	
鎮痛剤	a pain killer
氷枕（氷嚢）	an ice pack
an ice pillow とも言う。	
メス	a surgical knife
「メス」はオランダ語の mes に由来する。	
手洗い鉢	a washbowl
滅菌器	a sterilizer
松葉杖	(a pair of) crutches
副え木	a splint
汚物入れ	a sanitary tray
汚物投入器（汚物缶）	a sanitary bin
担架	a stretcher
聴診器	a stethoscope
stetho はギリシア語で「胸」という意味。	

血圧計	a blood pressure meter

専門的には a sphygmomanometer と言う。

聴力計	an audiometer
身長計	a height measure
体重計	a scale
座高計	a sitting-height measure
歯鏡	a dental mirror
ペンライト	a penlight
衝立	a screen
遮眼子	an eye occluder

視力検査で片目を隠すための器具のこと。

視力検査表	an eyesight test chart

検査表で用いられるC状のマーク（視標）は、a Landolt ring（ランドルト環）と言う。

視力計	an optometer
色覚検査表	a color-blindness test
指示棒	a pointer
嘔吐物処理セット	a vomit cleaning set
噴霧器	a spray
自動体外式除細動器	an AED

AED は automated external defibrillator の頭文字語。

救命胴衣	a life jacket

a personal flotation device とも言う。

丸いす（スツール）	a stool
ベッド	a bed
布団	a futon

英語の futon には「ソファーベッド」という意味もある。

三角巾	a triangular bandage
眼帯	an eye patch
爪切り	nail clippers

複数形で用いる。

耳かき	an earpick
耳垢	earwax
綿棒	a cotton swab
冷却スプレー	cooling spray

クールベルト	a neck cooling belt

湯たんぽ	a hot-water bottle

foot warmer とも言う。

携帯酸素	a portable oxygen cylinder

a cylinder は「円筒、ボンベ」という意味。

車いす	a wheelchair

診察台	a bed

脱衣かご	a clothes basket

小物干し器	a drying rack

「洗濯物」は dirty laundry という。

白衣	a lab coat

lab は「実験室（a laboratory）」という意味。医療従事者等が着用するものは a white medical smock とも言う。

紙おむつ	a disposable diaper

disposable は「使い捨ての」という意味で、反意の「再利用可能な」は recyclable と言う。

蚊取り線香	a mosquito coil

抗生物質	antibiotics

ウイルス	a virus

発音注意。「ウイルス」はドイツ語の発音に由来する。

バクテリア	a bacterium

単細胞の微生物である「細菌」のこと。複数形は bacteria。

ワクチン	a vaccine

発音注意。「ワクチン」はドイツ語の発音に由来する。

生ワクチン	a live vaccine

「弱毒ワクチン（an attenuated vaccine）」とも言う。何世代にもわたって培養し、毒性を弱めたワクチンのこと。

不活化ワクチン	an inactivated vaccine

「死菌ワクチン（a dead vaccine）」とも言う。熱やホルマリン等で毒性を無効化したワクチンのこと。

mRNA ワクチン	a messenger RNA vaccine

RNA は ribonucleic acid（リボ核酸）の省略形。ウイルスの RNA の中からスパイクタンパク（ウイルスの突起部分）を作り出す指示をする箇所だけを取り出して作った伝令 RNA（a messenger RNA）を成分とするワクチンのこと。

皮下注射	a hypodermic injection

hypodermic は「皮膚（derma-）の下（hypo-）」という意味。

筋肉注射	an intramuscular injection

intramuscular は「muscle（筋肉）の intra（内部）」という意味。

静脈注射	an intravenous injection

intravenous は「venous（静脈）の intra（内部）」という意味。

風土病	an endemic

一地方に蔓延する病気を指す。pandemic の反意語。

流行	an epidemic

「蔓延」を意味する。

パンデミック	a pandemic

「世界的流行」を意味する。pan- は「全ての」、demic（demos）は「人々」という意味。

感染者	a carrier

an infected person とも言う。

アウトブレーク	an outbreak

「爆発的急増」という意味。

クラスター	a cluster

「集団感染」という意味。

オーバーシュート	an explosive rise in virus cases

日本では感染者の爆発的増加を an overshoot（「目標値の大幅超過」という意味）と言うが、日本以外ではあまり見かけない。

ロックダウン	a lockdown

「封鎖、閉鎖」という意味。

ソーシャルディスタンス	social distancing

「社会的距離を取ること」という意味で動名詞 distancing を用いる。文化人類学者 E.T.ホールは対人距離を「親密な距離（intimate distance）」、「個人的な距離（personal distance）」、「社会的な距離（social distance）」、「公共的な距離（public distance）」に分け、文化によってその長さが異なることを示した。

三密	the three Cs

３つのＣが指すものは、closed spaces（密閉空間）、crowded places（密集場所）、close-contact settings（密接場面）である。「三密を避ける」は avoid the three Cs と言う。

マスク	a mask
マスクの紐	a mask string
濃厚接触	close contact
軽度接触	casual contact
陽性の	positive

擬（疑）陽性の	quasi-positive

quasi- は「類似の」という意味。ツベルクリン反応（a tuberculin reaction）などで陽性に近い場合を指す。偽陽性と区別。

偽陽性の	false positive

pseudpositive（pseud の発音注意。p は読まない）とも言う。検査では陽性であったが実際は陰性である場合を指す。

陰性の	negative
偽陰性の	false negative

検査では陰性であったが実際は陽性である場合を指す。

PCR 検査	a PCR test

PCR は polymerase chain reaction（「ポリメラーゼ連鎖反応」。塩基配列を大量に複製する手法）の頭文字語。

抗体	an antibody

「抗原」は an antigen と言う。

抗体検査	an antibody test

「抗原検査」は an antigen test と言う。

使い捨て手袋	(a pair of) disposable gloves
使い捨てエプロン	a disposable apron
潜伏期間	an incubation period

incubation には「孵化」という意味もある。

性教育	sex education
初経	first menstruation
精通	first ejaculation

「よく知っている」という意味での「精通している」は have a deep knowledge of〜と言う。

ホルモン	a hormone

「ホルモン」はドイツ語の発音に由来する。ブタの臓物などを焼く「ホルモン焼き（barbecued hog entrails）」とは無関係。

食欲	appetite
アレルギー	an allergy

「アレルギー」はドイツ語の発音に由来する。

病原体	a pathogen
抵抗力	resistance
免疫	immunity
集団免疫	herd immunity

herd は「群衆」という意味。

飲酒	drinking alcohol
喫煙	smoking
薬物乱用	drug abuse

「児童虐待」は child abuse と言う。

熱中症	heatstroke
過呼吸	hyperventilation
救急車	an ambulance

病院	a hospital

「おもてなし」という意味の hospitality という語があるように、語源であるラテン語 hospitium は「客をもてなすところ」という意味で、hotel も同語源。

医院	a clinic

「診療所」のこと。イギリス英語では a surgery と言う。a surgery には「手術室、手術」という意味もある。「歯科医院」は a dental clinic と言う。

保健所	a public health center
保健師	a public health nurse
患者	a patient

形容詞の patient に「我慢強い」という意味があるように、a patient は「我慢している人」という意味。

内科	internal medicine

「内科医」は、a physician と言う。

外科	surgery

「外科医」は、a surgeon と言う。

小児科	pediatrics

「小児科医」は、a pediatrician と言う。

皮膚科	dermatology

「皮膚科医」は、a dermatologist と言う。

眼科	ophthalmology

「眼科医」は、an ophthalmologist と言う。

産科	obstetrics

「産科医」は、an obstetrician と言う。

婦人科	gynecology

「婦人科医」は、a gynecologist と言う。

泌尿器科	urology

「泌尿器科医」は、an urologist と言う。urine は「尿」という意味。

脳外科	neurosurgery

「脳外科医」は、a neurosurgeon と言う。

歯科	dentistry

「歯科医」は、a dentist と言う。

検尿	a urine test
検便	a stool test
血液検査	a blood test
血糖	blood sugar

「血糖値」は、a blood sugar level と言う。

尿酸	uric acid

「尿酸値」は、a uric arid level と言う。

急性の	acute
慢性の	chronic
貧血	anemia
脳卒中	stroke
心臓発作	heart attack
はしか	measles
おたふく風邪	mumps
インフルエンザ	influenza

flu と略すことがある。「新型インフルエンザ」は novel influenza と言う。（novel は「新種の」という意味で、「小説」の a novel も同語源。）「A型インフルエンザウイルス」は influenza A virus と言う。

結膜炎	conjunctivitis
骨折	fracture
便秘	constipation

「便秘になる」は be constipated と言う。

食欲不振	anorexia
栄養失調	undernutrition

malnutrition とも言う。

栄養過多	overnutrition
肥満	obesity
消化不良	indigestion
吐き気	nausea
不眠症	insomnia
白内障	cataract
化学療法	chemotherapy

chemistry（化学）と therapy（治療）の合成語。

放射線療法	radiotherapy

radiology（放射線医学）と therapy（治療）の合成語。

透析	dialysis
麻酔	anesthesia

「全身麻酔」は general anesthesia、「局部麻酔」は local anesthesia と言う。

痛み	(a) pain
かゆみ	(an) itch
認知症	dementia

ラテン語で「心（mentia）が離れる（de-）」という意味。DSM-5 では major neurocognitive disorder とされている。

失禁	incontinence

「自制できないこと」が原義。

新生児	a newborn baby
乳児	an infant
カプセル薬	a capsule

「(薬を) のむ」は take を使う。

顆粒剤	granule
粉薬	powder
錠剤	a tablet
軟膏	ointment

「(薬を) 塗る」は apply と言う。

座薬	a suppository
湿布薬	a poultice
液剤	liquid medicine
ジェネリック (後発) 医薬品	a generic drug

generic とは「一般的な、包括的な、総称的な (言語学)、ノーブランドの」という意味で、a generic drug は「一般名で販売される薬品」という意味。反意語の「(先発) 医薬品」は a branded drug と言う。

作業療法	occupational therapy

「作業療法士」は an occupational therapist (OT) と言う。

理学療法	physical therapy

「理学療法士」は a physical therapist (PT) と言う。

擦り傷	a scratch
切り傷	a cut
虫刺され	an insect bite
鼻血	a nose bleed
鼻水	a runny nose

「鼻水がでる」は have a runny nose と言う。

鼻づまり	a stuffy nose
鼻をかむ	blow one's nose
しゃっくり	a hiccup
咳	a cough
くしゃみ	a sneeze
火傷	a burn
痙攣	a spasm

花粉症	a pollen allergy

副作用	a side effect

薬剤投与による予想外の反応を指す。

副反応	an adverse reaction

ワクチン接種による予想外の反応を指す。a side reaction とも言う。

後遺症	an aftereffect

カルテ	a patient's chart

「カルテ」はドイツ語 Karte に由来する。

輸血	blood transfusion

薬局	a pharmacy

pharmacy は薬品を売る店で、drugstore（ドラッグストア）は薬品の他化粧品、洗剤、雑誌なども売る。

保険診療	medical treatment covered by the national health insurance system

national health insurance は「国民健康保険」のこと。

自由診療	medical treatment not covered by the National Health Insurance System

亜型	a subtype

A型インフルエンザウイルス（influenza A virus）は H1N1（いわゆる「ソ連型」）、H2N2（いわゆる「アジア型」）や H3N2（いわゆる「香港型」）などの亜型がある。

コロナウイルス	a coronavirus

corona はラテン語で「冠」という意味。突起（スパイク）に覆われたウイルスの形状が冠に似ていることに由来する。中国語では「冠状病毒」と言う。車名にもなった corolla（花冠）、corona（太陽の光冠）、crown（王冠）も同語源。「新型コロナウイルス（a novel coronavirus）」の名称は SARS-Cov2 で、これによる感染症を COVID-19（coronavirus disease 2019 の省略形）と言う。SARS（severe acute respiratory syndrome の頭文字語で、「重症急性呼吸器症候群」）を引き起こすウイルスを SARS-Cov と言う。

変異株	a variant

遺伝情報が部分的に変化する「突然変異（a mutation）」により生じる。同じ「亜型（a subtype）」に属する。

空気感染	an airborne infection

「飛沫（a droplet）」の水分が蒸発して空中に漂っている粒子（飛沫核）による感染。

飛沫感染	droplet infection

接触感染	contact infection

隔離	quarantine

isolation とも言う。

検疫	quarantine

イタリア語の「40日」が語源。到着した船を40日間沖止めにし、「ペスト（pestilence、「黒死病（the black death）」とも言った）」の感染者がいないことを確認してから上陸を許可したことに由来する。

人工呼吸器	a mechanical ventilator

人工心肺装置	a heart-lung machine

ECMO（エクモ。「体外式膜型人工肺（extracorporeal membrane oxygenation）」の頭字語）と一般的に呼ばれる。

血液浄化装置	a blood purification device

「血液透析（hemodialysis）」を行う装置。hemo-は「血液の」という意味で、「ヘモグロビン（hemoglobin）」や「血友病（hemophilia）」等の語がある。

臨床工学技士	a clinical engineer

炎症	inflammation

偏頭痛	a migraine

強迫症	obsessive-compulsive disorder

発達障害	developmental disorders

DSM-5、ICD-11ともに「神経発達症群（neurodevelopmental disorders）」としている。

広汎性発達障害	a pervasive developmental disorder

DSM-5では神経発達症群に分類されている。

アスペルガー症候群	Asperger's syndrome

Aspergerはオーストリアの小児科医。DSM-5ではASDと捉えている。

自閉症	autism

auto-は「自己」という意味。DSM-5ではASDと捉えている。

自閉スペクトラム症	autism spectrum disorder

頭文字語はASD。spectrumとは「（徐々に変化する）連続体」のこと。

LD	LD

a learning disability（学習障害）の頭文字語。DSM-5は「限局性学習症（Specific Learning Disorder）」としている。

ADHD	ADHD

Attention-Deficit/Hyperactivity Disorder（注意欠如・多動症）の頭文字語。

吃音	stuttering

a stutter, a stammer, stammeringとも言う。DSM-5では神経発達症群に分類し、「小児期発症流暢症（吃音（childhood-onset fluency disorder（stuttering）））」としている。

アナフィラキシーショック	an anaphylactic shock

インフォームド・コンセント	informed consent

「情報を与えられて（informed）」「合意すること（consent）」という意味。

交感神経	the sympathetic nervous system

副交感神経	the parasympathetic nervous system

第17章　英語科

英語科で学ぶこと・英語圏文化など

話すこと［やり取り］	speaking (interaction)
話すこと［発表］	speaking (presentation)

スモールトーク　　　　　small talk
本来の意味は「(あまり重要な内容ではない) 世間話」。

活字体　　　　　　　　　printed (style)
手書きの場合に、筆記体に対して。

筆記体　　　　　　　　　cursive (style)
「筆記体で書く」は write in cursive と言う。

活字体大文字　　　　　　an uppercase letter
活字ケースの上段 (upper case) に収納したことに由来する。

活字体小文字　　　　　　a lowercase letter
活字ケースの下段 (lower case) に収納したことに由来する。

終止符（.）	a period
疑問符（?）	a question mark
感嘆符（!）	an exclamation mark
コンマ（,）	a comma

コロン（:）　　　　　　　a colon
コンマよりも大きな区切り。列挙する際などに用いる。

セミコロン（;）　　　　　a semicolon
コロンよりも大きく、ピリオドよりも小さい区切り。2文に分けるべきものを連結する際などに用いる。

連語	an idiom
慣用表現	an idiomatic expression
形容詞	an adjective
副詞	an adverb
比較級	the comparative (degree)
最上級	the superlative (degree)
原級	the positive (degree)
名詞	a noun

代名詞　　　　　　　　　a pronoun
近年では he、she ではなく they を用いる場合もある (they は複数として扱うことが多い)。

冠詞　　　　　　　　　　an article
article には「記事、条項、品物」という意味もある。

定冠詞	a definite article
不定冠詞	an indefinite article

平叙文	a declarative sentence

declarative は「宣言的な」という意味。

否定文	a negative sentence

肯定文	an affirmative sentence

affirmative は「賛成の、肯定的な」という意味。

疑問文	an interrogative sentence

命令文	an imperative sentence

動名詞	a gerund

不定詞	an infinitive

主語	a subject

ある一つの文の主語を指す場合は the subject と言う。日本語の「～は」や「～が」に相当するが、英語の a subject は動詞が示す内容の動作主（an agent）である。従って「私の高校は制服でした」は *My high school was uniform. ではなく、I wore a uniform when I was a high school student. となる。

動詞	a verb

補語	a complement

目的語	an object

主格	the nominative case

所有格	the possessive case

目的格	the accusative case

前置詞	a preposition

短縮形	a shortened form

規則動詞	a regular verb

不規則動詞	an irregular verb

母音を変える不規則変化は古英語の強変化動詞の名残であるとされる。

過去形	the past tense (form)

現在進行形	the present progressive

現在、過去、未来のような「時制」を tense と言い、進行や完了などを「相（aspect）」と言う。

現在完了	the present perfect

仮定法	the subjunctive mood

mood とは直説法、命令法、仮定法などの「法」すなわち叙法（言い方）を表すが、気分や心理状態の mood とも関連がある。

話法	narration

「直接話法」は direct narration、「間接話法」は indirect narration と言う。

受動態	the passive (voice)

voice とは「態」のこと。

能動態	the active (voice)
関係代名詞	a relative pronoun
時刻	the time
値段	a price
学校生活	school life
家庭生活	family life
好き嫌い	likes and dislikes
道案内	showing the way
自己紹介	a self-introduction
挨拶	a greeting
報告	a report
承諾	an agreement
説明	an explanation

質問　　a question
「質問をする」は ask a question と言う。

依頼　　a request
「依頼をする」は make a request と言う。

命令　　an order

誤りの修正　　error correction
feedback（フィードバック）とも言う。また、さりげなく正しい文を提示することを recast（リキャスト、言い直し）と言う。

国際理解	international understanding
国際協調	international cooperation

マイル　　mile
1マイルは約1609m。mile はラテン語の1000に由来し、「1000歩の距離」を意味する。

海里　　nautical mile
1海里は1852m。緯度1分の長さで、1海里を1時間で進行することを1knot（ノット）と言う。船舶や航空機の運航に用いる。

インチ　　inch
1インチは2.54mm。親指の幅が起源。

フィート　　foot, feet
1フィートは30.48cm。12インチに同じ。「1フィート」は英語では1 foot であるが、日本語では便宜上1フィートと称している。足の長さが起源。

ヤード　　yard
1ヤードは91.44cm。3フィートに同じ。体の中心から真横に伸ばした腕の先までの長さが起源。

ポンド	pound

1ポンドは0.453kg。lb で示される（lb はラテン語で libra（天秤）を意味する）。イギリスの通貨単位（£）。

ガロン	gallon

1ガロンはアメリカでは 3.79L、イギリスでは 4.55L。アメリカではガソリンの計量単位として用いられる。日本ではアメリカのガロンを採用している。アメリカとイギリスで基準が異なるのは、かつてイギリスではワインの計量のためのガロンとビールの計量のためのガロンが存在し、アメリカはワインのガロンを採用し、イギリスが後にビールのガロンに統一したためとされる。

パイント	pint

1パイントはアメリカでは 0.473L、イギリスでは 0.568L。1ガロンの8分の1で、ビールやミルクの計量単位として用いられる。

朝	morning

日常生活において英語の morning は夜明けから正午までの時間帯を指すが、午前0時から正午までの12時間も意味する。「午前9時」は9 a.m.（A.M. のような大文字表記も可。ラテン語の「正午の前」という意味の ante meridiem の頭文字語）のように時刻の後に付ける。「～時」を意味する～o'clock は of the clock の省略形。**「毎時ちょうどに」**は every hour on the hour、「毎時20分に」は every hour twenty minutes after the hour と言う。この場合の hour は「正時（＝00分）」を指す。

正午	noon

午後12時ちょうど（正午）を指す。**午前0時**は midnight と言う。

昼	afternoon

正午から日没までの時間帯を指す。「午後9時」は9 p.m.（pm や大文字表記も可。ラテン語の「正午の後」という意味の post meridiem の頭文字語）のように時刻の後に付ける。

夜	night

evening は日没から就寝までの時間帯を指し、就寝時間中を night と言う事が多い。そのため、Good evening. は日没後に出会った際の挨拶、Good night. は日没後に別れる（これから何もせずに寝る）時の挨拶となる。

おはよう（ございます）	Good morning.

I wish you a good morning. の縮約形。「よい朝を過ごされますように」という願望を表す。昼や夜の挨拶や、(I wish you a) Merry Christmas. や (I wish you a) H(h)appy new year. も同じ。日本語の「おはよう（ございます）」は「お早い（おはやい）ですね」の意味、「こんにちは」は「今日（こんにち）はいかがお過ごしですか」、「こんばんは」は「今晩はいかがお過ごしですか」の意味であるとされており、「わ」ではなく「は」である。Hello. は一日中いつでも使える。

ありがとう（ございます）	Thank you (very much).

正式な場合では I thank you. と言うこともあるが通常は主語を省略する。気軽な相手には Thanks.（名詞。度合いの大きさを表すために複数形（強意複数という）となっている。「ご多幸をお祈りしています」という意味の Best wishes. や「おめでとうございます」の Congratulations. が複数形であるのも同じ理由）を用いてもよい。日本語の「ありがとう」は「有り難い」すなわち、滅多にないことだという意味がある。

どういたしまして	You are welcome.

この他、Not at all. や It's my pleasure. のような言い方もある。気軽な相手には Sure. や No problem. でもよい。

おめでとうございます　　Congratulations.

努力して何らかの成果を得た際に用いる。「誕生日おめでとう」は Happy birthday. と言う。

さようなら　　Good-bye.

God be with you.（神があなたと共にありますように）の縮約形。中英語で you は ye であったので bye と綴るが、近年では by も見かける。good を用いるのは good morning などの影響とされる。日本語の「さようなら」は「左様なら」のことで、相手の発話を肯定して別れるという意味があるとされる。

すみません　　Excuse me.

日本語の「すみません」のように依頼をするための呼び掛けや、ちょっとした失礼をわびる際に用いる。「すみません」は感謝の言葉としても用いられるが、その場合は英語では Thank you. と言う。失礼の度合いによっては日本語の「申し訳ございません」に相当する I'm sorry. や I beg your pardon. などの謝罪表現を用いる。相手に発話を繰り返してもらいたい場合も、状況に応じて Excuse me. と I'm sorry. を使い分ける。複数人が行動を共にしている場合、代表者が Excuse us. と言うこともある。日本語の「すみません」は「済みません」すなわち、まだ気持ちが収まっていないという無念さを表すとされる。

行ってきます　　See you.

「行ってきます」に相当する表現は英語にはないので、その場を離れることを伝える。

行ってらっしゃい　　See you.

「行ってらっしゃい」に相当する表現は英語にはないので、その場を離れることを了解したことを伝える。

ただいま　　I'm here.

「ただいま」に相当する表現は英語にはないので、その場に戻ったことを伝える。

お帰りなさい　　Hi!

「おかえりなさい」に相当する表現は英語にはないので、その場に戻ったことを了解したことを伝える。Welcome back home. と言えないこともないが、困難を伴う長旅から戻ったという印象がある。

いただきます　　Thank you for the meal.

時間帯に応じて meal の代わりに breakfast、lunch、dinner を用いることも可。"This looks amazing.（delicious, wonderful なども可）Thank you." などを追加してもよい。「いただきます」に相当する表現は英語にはないので、感謝の気持ちを伝える。「いただきます」は一説には「（食べ物の）命を頂く」ことに対する感謝の意味もあるとされている。欧米でも食事の前に感謝の祈りを捧げることがあるが、これは食べ物を与えてくれた神に対する感謝とされている。

ごちそうさまでした　　Thank you for the meal.

時間帯に応じて meal の代わりに breakfast、lunch、dinner を用いることも可。"It was delicious." を追加してもよい。「ごちそうさまでした」に相当する表現は英語にはないので、感謝の気持ちを伝える。「馳走（ちそう）」とは走り回ることで、準備のために奔走してくれたことに対する感謝とされている。

はい、いいえ　　Yes. / No.

疑問文に対する回答で、日本語は疑問文の内容に合致すれば「はい」、そうでなければ「いいえ」であるが、英語は事実がそうであれば yes、そうでなければ no となる。（例：「レポート出してないね」「はい、出してません」は、You haven't turned in the report yet, have you? No, I haven't. となる。Yes, I have. は「いいえ、出しました」という意味になる。）

お疲れ様でした　　See you. / Thank you.

「お疲れ様でした」に相当する表現は英語にはないので、終業時の挨拶としては See you. などと言い、労をねぎらう場合は Thank you for your hard work. などと言う。

頑張って下さい　　　　　Do your best. / Good luck.

試合前などでは Do your best.と言い、試験前などでは Good luck.と言うことが多い。「できる限りのことをしたので、幸運がめぐってくるように」という発想である。

サマータイム　　　　　daylight saving time

イギリスでは summer time と言う。夏期に時間を 1 時間進める制度。日本でも一時期用いられたことがある。

さん　　　　　Mr. / Mrs. / Miss / Ms.

イギリスではピリオドを省略する。これらの「**敬称 (title)**」は苗字を伴う場合にのみ用いられるので、日本語の「～さん」とは異なる（名前だけを呼び掛ける際には何も付けない）。敬称にはこの他、Dr.（医師、博士）、Prof.（**Professor、大学教授**）、Rev.（**Reverend、聖職者**）などがある。Mr. is master（主人）の省略形で男性に、Mrs. is mistress（女主人）の省略形で既婚女性に用いられてきた。Mrs. が男性の姓名の前に付けられた場合は「～夫人」という意味になる。未婚女性には Miss が用いられてきたが、1970年代頃から既婚未婚を問わず Ms.を用いることが多くなってきた。英語の授業では、日本語の「～さん」をそのまま用いて～san とすれば苗字でも名前でも使える。Mr. and Mrs.～は「～夫妻」という意味。近年では自分から認識している性を用いる傾向がある。

苗字　　　　　family name

last name とも言う。職業が苗字となったものに、Smith（鍛冶職人）、Baker（パン職人）、Carpenter（大工）、Fisher（水産業）、Miller（製粉業）、Potter（陶芸職人）、Taylor（仕立て職人）、Thatcher（草葺き屋根職人）などがあり、Johnson の -son や McDonald の Mc-（または Mac-）のように「～の息子」などの意味を持つものもある。

名前　　　　　given name

first name とも言う。名前と苗字の間にミドルネーム（middle name）として旧姓（maiden name、former name）や洗礼名（Christian name）や両親を含む親族や祖先（a relative or an ancestor）の名前などをつけることもある。ミドルネームの数に制限はない。洗礼に立ち会い、その子の成長や宗教心を指導する人を godparent（「**代親**」。godfather を「代父」、godmother を「代母」と言う。日本の辞書で「名付け親」としているものもあるが、名前を付けるわけではない）と言う。

パン　　　　　bread

「パン」は、ポルトガル語の pão に由来する。bread は日本語の「食パン」を指し、小型の丸いパンは a bun、それ以外のパンは a roll と言う。toast は bread を薄く切って表面を焼いたもの。

紅茶　　　　　(black) tea

欧米では単に tea という場合が多いが、他と区別する場合は茶葉の色から black tea と言う。「**緑茶**」は green tea、「**烏龍茶**」は oolong tea と言う。3種の茶は原料は同じであるが、「**発酵（fermentation）**」させる方法が異なる。

アメリカ　　　　　the United States of America

the USA（U.S.A.）と略すことがある。アメリカは国としての憲法（United States Constitution）や軍隊（United States Armed Forces）を持つが、「各州（a state）」にも「州憲法（State Constitution）」や「州兵（United States National Guard、「州軍」とも言う）」があり、法律や税率なども州ごとに異なるので、日本の都道府県とは同一視できない。（state には「国家」という意味もある。）なお、「府」や「県」は prefecture と訳されるが、これはフランス、イタリアなどの行政区画名称に由来する。同語源の語に、「地方政府の長官」や「監督生（イギリスの寄宿学校で下級生の指導にあたる上級生）」という意味の prefect がある。

| イギリス | the United Kingdom of Great Britain and Northern Ireland |
the UK（U.K.）と略すことがある。かつて Britain 島は北から Scotland、England、Wales という王国が存在し、それと Ireland 王国が合邦化したという経緯がある。

| 1月 | January |
「Janus（門神ヤヌス）の月」という意味。BC153 年のローマの改暦により冬至を規準にして今の1月が年初となったという説がある。

| 2月 | February |
「Februus（贖罪の神フェブルス）の月」という意味。古代ローマの暦は今の3月（春分）から始まり、今の2月で終わったので2月は日数が少ない。

| 3月 | March |
「Mars（軍神マルス）の月」という意味。

| 4月 | April |
「Aphrodite（美の女神アフロディーテ[=ローマ神話のビーナス]）の月」という説がある。

| 5月 | May |
「Maia（農業の女神マイア）の月」という意味。

| 6月 | June |
「Juno（最高の女神ユノー）の月」という意味。

| 7月 | July |
「Julius（ユリウス）の月」という意味。Julius Caesar（ユリウス・カエサル）の誕生月。

| 8月 | August |
「Augustus（アウグストゥス）の月」という意味。初代ローマ皇帝の称号であるアウグストゥスに因んで名付けられた。

| 9月 | September |
「7番目の月」という意味。古代ローマの暦は今の3月から始まったので語源との間に2ヶ月のずれがある。septem はラテン語で「7」の意味。ラテン語で「1」は unus、「2」は duo、「3」は tres、「4」は quattuor、「5」は quinque、「6」は sex、「7」は septem、「8」は octo、「9」は novem、「10」は decem。

| 10月 | October |
「8番目の月」という意味。

| 11月 | November |
「9番目の月」という意味。

| 12月 | December |
「10番目の月」という意味。

| 日曜日 | Sunday |
「sun（太陽）の日」という意味。フランス語では dimanche（神の日）と言う。

| 月曜日 | Monday |
「moon（月）の日」という意味。フランス語では lundi（moon の日）と言う。ISO 規格および JIS 規格では月曜日を数字1に変換しているため、週の始まりを月曜日とすることがある。

火曜日	Tuesday

「Tues（ローマ神話の Mars に相当するチュートン族の軍神ティウ）の日」という意味。フランス語では mardi（Mars の日）と言う。

水曜日	Wednesday

「Woden（ローマ神話の Mercury に相当するゲルマン神話の主神ウォーデン）の日」という意味。フランス語では mercredi（Mercury の日）と言う。

木曜日	Thursday

「Thor（ローマ神話の Jupiter に相当する北欧神話の雷神トール）の日」という意味。フランス語では jeudi（Jupiter の日）と言う。

金曜日	Friday

「Frigg（ローマ神話の Venus に相当する北欧神話の愛の女神フリッグ）の日」という意味。フランス語では vendredi（Venus の日）と言う。火曜日から金曜日までの英語の曜日の語源にローマ神話ではなく北欧やゲルマンの神話の神が多いのは、英語がロマンス語派とは異なるゲルマン語派に属するため。

土曜日	Saturday

「Saturn（ローマ神話の農業の神 Saturn）の日」という意味。フランス語では semedi（安息の日）と言う。

黄道十二宮	the zodiac signs
牡羊座 the Ram とも言う。	Aries
牡牛座 the Bull とも言う。	Taurus
双子座 the Twins とも言う。	Gemini
蟹座 the Crab とも言う。	Cancer
獅子座 the Lion とも言う。	Leo
乙女座 the Virgin とも言う。	Virgo
天秤座 the Scales とも言う。	Libra
蠍座 the Scorpion とも言う。	Scorpio
射手座 the Archer とも言う。	Sagittarius
山羊座 the Goat とも言う。	Capricorn
水瓶座 the Water Bearer とも言う。	Aquarius

第17章

魚座	Pisces

the Fishes とも言う。

十二支	the twelve animals of the zodiac

英語での十二支の動物の表記は以下の通り：Rat（鼠）、Ox（雄牛）、Tiger（虎）、Rabbit（兎）、Dragon（龍）、Snake（蛇）、Horse（馬）、Sheep（羊）、Monkey（猿）、Rooster（雄鶏）、Dog（犬）、Boar（猪）。これらを用いて、例えば**寅年**は the year of the Tiger と言う。「羊」は日本語では一般的に「綿羊」を指すが、中国語では「山羊（ヤギ）」を含む総称なので十二支を英語で表記する際に Goat を用いることもある。「猪」（豚の野生種）は中国語では「豚」を意味するので、英語で表記する際に pig を用いることもある。

ローマ数字	a Roman numeral

ローマ数字は I（1）、V（5）、X（10）、L（50）、C（100）、D（500）、M（1000）を用い、表記の仕方は以下の通り：大きな数字の右側に小さな数字がある場合は加算（II は1＋1＝2、VI は5＋1＝6）、小さな数字が大きな数字の左に来る場合は大きな数字から小さな数字を減算（IV は5－1＝4、IX は10－1＝9。VI は5＋1＝6、XI は10＋1＝11）。従って、MCMLXII は1000＋（1000－100）＋（50＋10）＋2＝1962となる。欧米の歴史的建造物では設立年をこの方式で記したものが多い。ローマ数字の表記では同じ数字を3個までしか並列できないので、3999（MMMCMXCIX）が最大となる。zero（0）は存在しない。「ゼロ」の概念は5世紀にインドで発明されたとされている。

アラビア数字	an Arabic numeral

インドで考案され、アラビア人がヨーロッパに伝えたとされる。

ミレニアム	a millennium

「千年紀」と訳す。西暦0年は存在しないので、正しくは2001年〜3000年までであるが、2000年を the third millennium の開始とする行事が多かった。同じように21世紀は2001年から2100年までである。

イースターサンデー	Easter Sunday

復活祭。3月21日以降の満月の後の最初の日曜日とされている。イギリスでは翌日が Easter Monday として休日となる。

グッドフライデー	Good Friday

復活祭の前の金曜日。キリスト受難（the Crucification of Christ）日。

バンクホリデー	a bank holiday

イギリスの年8回ある休日。「銀行の休日」が学校を含む全機関の休日となっている。

独立記念日	Independence Day

アメリカの休日。7月4日という日付に因んで the Fourth of July とも言う。

スーパーチューズデー	Super Tuesday

アメリカ大統領選挙の年の3月の第2火曜日に各党候補者指名を決める「**予備選挙（a primary election）**」と「**党員集会（a caucus）**」を行うことから名付けられた。7月から8月に行われる「**全国党大会（the National Convention of Political Parties）**」で各党の最終候補が決まった後、11月の第1月曜日の後の火曜日に「**本選挙（大統領選挙、the presidential election）**」が行われる。これは「**大統領選挙人団（the electoral college）**」を選ぶ「**間接選挙（an indirect election）**」の形を取っているが、投票者は投票用紙（a ballot）上では大統領候補を選ぶことができる形式となっている。1票でも得票数の多かった候補が各州に割り当てられた選挙人をすべて獲得する「**勝者総取り（winner-take-all）**」方式を採る州が50州のうち48州で、全国で獲得した選挙人（an elector）の数が過半数（270名。上院議員定員100名と下院議員定員435名とワシントンDCに割り当てられた3名の合計538名の過半数）を超えた候補が選出

される方法である。実際の得票数の合計を the popular vote（一般投票）と言うが、「選挙人選挙（the electoral vote）」の結果と一致しないこともある。火曜日という平日が投票日に当てられているのは、「安息日（the Sabbath）」である日曜日を避けたという説がある。

1年生　　　　　　　　　　　　a first grader
高校卒業までの12年間は通し番号で、「高校3年生」は a twelfth grader と言う。幼稚園から高校卒業までを K-12 と言う。

大学1年生　　　　　　　　　　a first-year student
4年生まで数字を用いて表記する。アメリカの大学では1年生は a freshman、2年生は a sophomore、3年生は a junior、4年生は a senior とも言う。sophomore は sophisticated（洗練された）と同語源。

採点　　　　　　　　　　　　　grading
アメリカでは採点の際に不正解に○（マル）をつけ、正解は✓（チェック）をつけることが一般的である。

コイントス　　　　　　　　　　a coin toss
順番等を決める際に行う。Heads or tails! というかけ声を用いる。人物の頭部（head）のレリーフのある面が表（heads）で、その反対側が裏（tails）である。アメリカの硬貨は表と裏で上下が逆になっている。日本の硬貨は製造年の記載されている面が裏側とされている。日本でよく用いられる「あみだくじ」は、a way of making random decisions using a grid と説明する。

温度　　　　　　　　　　　　　temperature
日本では「セ氏温度（the Celsius temperature）」を用いる。これは天文学者セルシウスが考案したもので、セ氏を「摂氏」と記すのはセルシウスの中国語（漢字）表記に基づく。1気圧の下で水の「氷点（the freezing point）」と「沸点（the boiling point）」を100等分して温度設定したことに基づくので当初は a centigrade とされた。「℃」と表記し、~degrees（1の時は単数形）Celsius と読む。アメリカでは「カ氏温度（the Fahrenheit temperature）」を用いる。これは物理学者ファーレンハイトが考案したもので、カ氏を「華氏」と記すのはファーレンハイトの中国語（漢字）表記に基づく。「F」と表記し、~degrees（1の時は単数形）Fahrenheit と読む。諸説あるが、当初は氷に塩を添加した際の温度（−17.8℃。現代の家庭用冷蔵庫の冷凍室の温度や冷凍食品の保存温度が−18℃と定められている）を0℉とし、ヒトの平熱を12℉とした。その後さらに目盛り間隔を細かくし、平熱を96℉（35.6℃に相当）としたとされる。100℉は37.8℃となるので、気温にしろ体温にしろ100℉を超えることが危険域の目安ともなっている。

ニックネーム　　　　　　　　　a nickname
「本名（real name）や個性、外見、偉業に基づく非公式な名前」（OALD）とされる。一般には多音節の本名を1音節で表記したもの（Christopher に対する Chris など）となる。Margaret（ギリシャ語で「真珠」という意味）に対しては Meg、May、Peg、Peggy などがあり、Rebecca は Becky である。Robert に対する Bob、William に対する Bill（Will もある）など本名と一致しないものもある。「芸名」は a stage name と言う。

フリーウェー　　　　　　　　　a freeway
アメリカの高速道路（expressway）で、通行料金が無料（free）であることに由来する（当初は別の意味であったとする説もある）。州境を越えるので interstate（インターステート）とも言い、I-75のように表示する。「有料道路」は a toll road、「料金所」は a tollgate と言う。イギリスの高速道路は a motorway と言い、M25のように表示する。英語の highway は「主要道路」という意味で、高速道路を意味しない。

| カウンティー | a county |

「郡」と訳すが、国によっては日本の「郡」とはその性質が異なる。アメリカで「市（a city）」と共に「州（a state）」の下の行政区画をなす。a county government（郡政府）が置かれ、a county の下の行政区画に a township（「郡区」と訳す。日本の「町、村」に相当する）がある。

| ソーシャルセキュリティ | Social Security |

アメリカの社会保障制度。加入者には a Social Security Number（社会保障番号）が付与される。

| メディケア | Medicare |

アメリカの公的老人医療保険制度。

| メディケイド | Medicaid |

アメリカの公的低所得者医療保険制度。日本のような公的な国民健康保険制度（National Health Insurance System）がないため、Medicare、Medicaid 加入対象でない人は個人で民間会社の医療保険に加入する。

| 一神教 | monotheism |

ユダヤ教、キリスト教、イスラム教など唯一の神（only one God）を信仰する宗教。

| 多神教 | polytheism |

複数の神（more than one God）を信仰する宗教。

| 天国 | heaven |

仏教の Paradise（極楽）に相当する。

| 地獄 | hell |

| 煉獄 | purgatory |

カトリック（the Roman Catholic Church）において地獄と天国の間にあり、天国に行くために生前の罪科を火によって浄化するための場所とされる。

| 三位一体 | the Trinity |

Father（神）、Son（キリスト）、Holy Spirit（聖霊）の一体を意味する。「３つの事柄を一体化させる」という一般的な意味で用いる場合は小文字で記す。

| ローマカトリック教会 | the Roman Catholic Church |

catholic は「普遍的な」という意味もある。11世紀にギリシア正教（the Orthodox Church）と分離した。

| 英国国教会 | the Anglican Church / the Church of England |

1534年にヘンリー８世が王妃キャサリン（オブ　アラゴン）との離婚問題をきっかけとしてローマカトリックから独立して発足した。最高位は the Archbishop of Canterbury（カンタベリー大主教）。英国ではカトリックの最高位も the Archbishop of Westminster（ウエストミンスター大司教）のように Archbishop であるが、日本語では「大司教」としている。

| プロテスタント教会 | the Protestant Church |

16世紀のルターの宗教改革によりカトリックから分派した。protestant とは「意義を申し立てる人」という意味。日本ではカトリックの聖職者は「司教、司祭」などで、その敬称は「神父」であるが、プロテスタントは「牧師」と言う。

| 聖書 | the Bible |

「旧約聖書」は the Old Testament、「新約聖書」は the New Testament と言う。testament は「（神との）契約」という意味なので、「約」であって「訳」ではない。ユダヤ教を基盤としてキリスト教が成

立したため、ユダヤ教の聖典は the Old Testament（キリスト教成立前の神との契約）に相当する部分となっている。biblio- はギリシア語で「本」を意味する（bibliography は「書誌学、参考文献一覧」という意味）。

ユダヤ教	Judaism
イスラム教	Islam

右上位　prioritizing right over left

prioritizing の他に valuing とも言える。西欧の礼法では右上位で、古代中国（漢の時代）においてもそうであった。そのため「左遷（demotion）」や「右に出る者はいない」などの表現があるが、中国では唐代に上位を左右逆転させ、それが日本に伝わったため、日本では江戸時代までは左上位であった。欧米が右上位であることは、「右」が「正しい」（right）と同じ語であったり、dexter（右側の、縁起のよい）、sinister（左側の、邪悪な）などの単語が存在することからもわかる。

左上位　prioritizing left over right

prioritizing の他に valuing とも言える。日本では古来左側を上位としてきたため、左大臣は右大臣より上位である。これは中国の唐で皇帝が南面して座し、太陽の出る方向である左側（東方）を上位としたことが日本に伝来したことに由来する。このため、京都市の左京区は北が上の地図上では右側、右京区が左側となっている。京都では古来の方式に則って男雛が左側（向かって右）女雛が右側（向かって左）となっているが、それ以外の地域では逆となっている。これは明治時代に西欧の儀礼を取り入れたためとされている。

頭文字語　an initialism

数語からなる熟語の頭文字を用いた略語で、BBC のようにアルファベットのまま読むもの。NASA のように一つの単語のように読む場合は an acronym（頭字語）と言う。

ピーシー　political correctness

「政治的に正しい」という意味で、民族や性別、宗教の違いなどに配慮した中立的で公平な表現を指す。民族的には an Asian American（アジア系アメリカ人）など、職業としては a chairperson、a fire fighter、a police officer、a businessperson など、-man の語尾を持つ単語を避けることや、女性を表す -ess の語尾を避けた waiting staff、an actor など、宗教的には Happy Holidays. を Merry Christmas. の代わりに用いたりすることなどがある。日本語では「**看護師**（a nurse）」、「**助産師**（an obstetrician）」、「**保育士**（a nursery teacher）」などがある。近年、SNS やビデオ会議、メール等では、she/her、he/him、they/them から自ら認識している性を用いる傾向がある。

グリニッジ標準時　Greenwich Mean Time

GMT と略すことがある。イギリスのグリニッジを通る経度 0 度の「**本初子午線**（the prime meridian line）」における太陽の南中を基準としたもの。南中時から南中時までの経過時間は毎日微妙に異なり、その「平均」をとったため mean（平均）とされる。「世界時（Universal Time）」とも呼ばれる。現在では原子時計を用いた「**協定世界時**（Coordinated Universal Time、UTC と略すことが多い）」が用いられるが、世界時との差を解消するために「閏秒（leap second）」が用いられる。

1 階　the first floor（米）, the ground floor（英）

アメリカ英語では地面に接するフロアが「1 階」であるが、イギリス英語では「地面に接するフロア（the ground floor）」の一つ上（アメリカ英語の「2 階」）が「1 階」となる。かつてイギリスでは地面から階段で少し上がったところに建物の main entrance（玄関）を置いたことに由来するとされている。

第18章　道徳科

道徳科で学ぶこと

善悪の判断	telling right from wrong
よいこと	the right thing
悪いこと	the wrong thing
自信	confidence
正直	honesty
嘘	a lie
ごまかし	deception
素直	gentle

good-natured、open、receptive なども言う。obedient は「反抗しない」という意味。

節度	moderation

「節度を守る」は use moderation と言う。

個性	personality
努力	effort
強い意志	strong will

determination は「決心」、intention は「意図」という意味。

真理	truth
親切	kindness
思いやり	consideration

sympathy（同情）、empathy（共感、感情移入）などの類義語がある。

感謝	appreciation

thanks, acknowledgment、gratefulness、gratitude などの類義語がある。

礼儀	courtesy, politeness

「礼儀作法」は manner、etiquette と言う。

友情	friendship
信頼	reliability
個性の伸張	individual growth
勇気	courage
希望	hope
相互理解	mutual understanding
寛容	broad-mindedness
規則の尊重	compliance with rules

respect for rules とも言う。

社会の決まり	a social rule
公正	justice

公平	fairness
社会正義	social justice
勤労	labor
公共の精神	public spirit

public-mindedness とも言う。publicness は「公共性」という意味。

家族愛	familial love
集団生活	communal living
郷土	birthplace, hometown

「郷土愛」は love for one's hometown と言う。

愛国心	patriotism
国際親善	international goodwill
生命の尊さ	dignity of life
安楽死	euthanasia

death with dignity（尊厳死）という言い方もある。

自然愛護	preservation/protection of nature

「動物愛護」は animals protection と言う。

畏敬の念	awe and respect for～
先人の伝記	a biography of an exemplary historical figure

a biography of a pathfinder とも言う。pathfinder は「先駆者」(path（道）を見つけた人）という意味。autobiography は「自叙伝」という意味。

伝統文化	traditional culture
LGBTQ	LGBTQ

Lesbian、Gay、Bisexual、Transgender、Queer（または Questioning)の頭文字語で「性的少数者」を意味する。LGBTQIA+（「I」は Intersexual、「A」は Asexual、「+」はその他を意味する）などと表されることもある。

迷惑行為	annoying behavior

正式には a private nuisance（私的迷惑行為）、a public nuisance（公的迷惑行為）と言う。

いじめ	bullying

bully とは「強者が弱者を力を用いて脅したり傷つけたりすること」(OALD) という意味。

からかい（いじめ）	verbal bullying
暴行（いじめ）	physical bullying
恐喝（いじめ）	extortion
仲間はずれ（いじめ）	social-emotional bullying

古代ギリシアの「陶片追放」に由来して ostracizing とも言う。

傍観（いじめ）	bystanding

「傍観者」は a bystander と言う。

サイバーいじめ	cyberbullying
盲導犬	a guide dog
介助犬	a service dog
聴導犬	a hearing dog
警察犬	a police dog
救助犬	a rescue dog
常識	common sense

「みんながわきまえているべきこと」が common sense であるが、「みんなが知っているべきこと」という意味での「常識」は common knowledge、「ある場面でほとんどの人が行っていること」は common practice とする。

第 19 章　特別活動

特別活動に関すること

室長	the homeroom representative

児童会	the student council

中学校・高等学校等の「生徒会」、大学等の「学生自治会」も同じ表現を用いる。

児童会長	the student council president

「副会長」は the vice president と言う。

立候補する	run for (the student council)

児童会活動	a student council activity

日直	(on) day duty

「人」をさす場合は student on day duty と言う。

給食	a school lunch

給食当番	(on) lunch duty

duty to serve school lunches and clean up after them とも言う。「人」をさす場合は student on duty for school lunch serving and cleanup と言う。

係活動	classroom duty

「人」をさす場合は student in charge of animals(生き物係)などと言う。

委員会活動	a committee activity

クラブ活動	an extracurricular activity/a club activity

extracurricular は「正課外の」という意味。運動部は a baseball team のように team を用い、文化部の場合は a computer club のように club を用いることが多い。

掃除当番	(on) cleaning duty

学級活動	a class activity

生活習慣	lifestyle

人間関係	interpersonal relations

食育	dietary education

学級日誌	a classroom journal

a journal は「日記」という意味。

第 20 章　日常生活

趣味・娯楽・特技・日常生活に関すること

朝食　　　　　　　　　　breakfast

「断食 (a fast) を中断する (break)」が語源。「一日の最初の食事」(OALD) という意味だが、朝の遅い時間の食事は brunch (breakfast と lunch の混成) とも言う。breakfast、lunch、dinner、supper は不可算名詞で、I ate breakfast at six. のように用いるが、食事の内容を表す形容詞を伴う際は可算名詞となり、I ate a light breakfast. のように用いる。

昼食　　　　　　　　　　lunch

luncheon の短縮形。

夕食　　　　　　　　　　dinner

「正餐 (一日のうちで最も大切な食事)」を指す。地域によっては昼食を dinner とすることがあり、その際に軽くとる夕食は supper と言う。supper には「夜食」という意味もある (OALD)。

食事　　　　　　　　　　a meal

時間帯によって区別せず、食事一般を表す。

箸　　　　　　　　　　　(a pair of) chopsticks

「叩く、切り刻む」という意味の chop とは関係なく、ピジン英語 (中国語と英語の混合) の chop (速い) に由来し、quick stick (素早く動く棒) という意味 (OED)。Chop-chop! は Hurry up! という意味 (OALD)。

間食する　　　　　　　　eat between meals

薬を「食間に服用する」は take between meals と言う。

ダイエット　　　　　　　a diet

「食事、常食」という意味もある。on a diet で「ダイエット中」という意味。健康維持増進目的で食事を制限することを意味するので、何かを食べることが前提。

血液型　　　　　　　　　a blood type

血液型の「A 型」は an A type と言う。血液型による「占い (fortune-telling)」や「相性診断 (a compatibility test)」は海外では殆ど見られない日本独特の事象である。日本では A、B、AB、O 全ての血液型が一定数存在するが、かなりの国や地域では血液型の分布に偏りがあることもその一因とされている。

小遣い　　　　　　　　　an allowance

親などが子に与える場合は pocket money とも言う。「1 ヶ月の〜円の小遣い」は a monthly allowance of 〜 yen と言う。また、allowance には「手当」という意味もあり、「住居手当」は a housing allowance、「通勤手当」は a commuting allowance と言う。

旅行　　　　　　　　　　a trip

a trip は短期の旅行を指す。周遊旅行は a tour と言い、長期にわたる場合は a travel (語源的には「苦労」を伴う旅行を指す) または a journey (長期にわたる陸上の旅。船の旅は a voyage) という。

トランプ　　　　　　　　(playing) cards

trump は「切り札」のこと。

オセロ　　　　　　　　　Reversi

Othello は商標名。

カルタ　　　　　　　　　traditional Japanese playing cards

「カルタ」はポルトガル語の carta に由来する。

テレビゲーム	a video game

a computer game とも言う。「テレビゲーム」は和製英語。

敵を倒す	beat the enemy

ゲームセンター	a (video) game arcade

「ゲームセンター」は和製英語。an arcade は「アーチ型の建物」という意味。

キーホルダー	a key ring/chain

「キーホルダー」は和製英語。a key fob とも言う。

テーマパーク	a theme park

theme とは「主題」のことで、ある物語（映画）やある時代、ある国やある地域など統一テーマのもとに全体が構成されている遊園地を意味する。テーマパーク出現前の「遊園地（an amusement park）」は相互に関連性のない遊具や展示が設置されていることが多かった。

動物園	a zoo

正式には a zoological garden と言う。zoology は「動物学」という意味。

植物園	a botanical garden

botany は「植物学」という意味。

水族館	an aquarium

博物館	a museum

美術館	an art museum

an art gallery とも言う。

図書館	a library

海へ行く	go to the beach

go to the sea でも誤りではないが、船を出して沖へ出るイメージが伴う。レジャーとしては「波打ち際、砂浜（a beach）」で楽しむことが多いので go to the beach の方が的確と考えられる。

山へ行く	go hiking

go to the mountains でも誤りではないが、「登山（mountain climbing）」というイメージが強い。レジャーとしての気軽な山歩きは hiking が適切。

趣味	a hobby

a hobby は読書、研究、収集、創作など、知識や技量を必要としたり、一定の成果を追求したりするもので、「気晴らし」的なものは a pastime と言う。

カラオケ	karaoke

日本語の「カラ（空）」と英語の orchestra を由来とする語。「カラ」とは「歌がない」という意味で、ボーカル抜きの楽器（オーケストラ）のみの演奏を指す。生バンド演奏の代わりに録音物を用いることを意味する音楽業界用語であったという説がある。

ジョギング	jogging
絵描き	drawing a picture
模型作り	making a model
スポーツ観戦	sports viewing

映画	a movie
読書	reading
音楽鑑賞	listening to music
ジェットコースター	a roller coaster

「ジェットコースター」はジェット機のように速いという例えの和製英語。

（娯楽として）買い物	window shopping

日本語では「趣味は買い物」と言うこともあるが、英語に直訳すると「セレブ（celebrity）」か「買い物依存症（shopaholic）」と受け取られるおそれがある。実際にほとんど買わないのなら shopping ではなく、window shopping と言う。

ストレス発散	stress relief

「ストレス発散法」は a way to relieve stress と言う。

スーパー	a supermarket

「スーパー」は和製英語。「**食料雑貨（groceries）**」を販売する店なので、**a grocery store** とも言う。アメリカで1910年頃に登場した a supermarket は、客が店員に購入したい商品を告げる旧来の販売形式から、客が自由に手にとって選び、店舗出口で精算する販売形式に転換した。日本ではこの形式が1950年頃に普及し始めたとされる。

レジ袋	a plastic bag
エコバッグ	a reusable shopping bag

「再利用可能な買い物袋」という意味。「マイバッグ」（和製英語）も同様。「マイバッグはお持ちですか？」の意味で Do you have my bag?と言えば「あなたは私のカバンを持っているか？」という意味になる。「使い捨て」の場合は disposable を用いる。

フリーマーケット	a flea market

街頭などで中古物品を販売する「**蚤（のみ）の市**」のこと。a flea は昆虫の「ノミ」を意味する。the free market は「**自由市場**」（経済学）という意味。

値引き	a discount
ブランド品	brand-name goods

brand は「（家畜の所有を示すために押した）焼印」に由来する。「ノーブランドの」は unbranded と言う。

アウトレット	an outlet（store）

傷ものや売れ残りなどの訳あり品を安価に売ることから始まった。「**工場直販**」を a factory outlet と言い、an outlet store の集合体を a shopping mall と言う。

外食	eating out

「**外食産業**」は food service industry と言う。

ノンアル	a non-alcoholic drink

an alcohol-free drink とも言う。-free は「〜がない」という意味。

糖質オフ	sugar-free
ローファット	low-fat

シュークリーム	a cream puff

「シュークリーム」はフランス語の chou á la crème（「キャベツ型の菓子」という意味）に由来する。英語でよく似た発音の shoe cream は「靴磨きクリーム（shoe polish）」を連想させる。

バイキング	a buffet

a Viking は北欧の9世紀から11世紀ごろの「スカンジナビア人」武装集団を指す。その食事スタイルが語源となって、「食べ放題」を意味する和製英語「バイキング」が生じたとされる。卓上の大皿等に盛り付けられた料理を自由に取る形式の食事は、a buffet もしくはスゥエーデン語に由来する a smorgasbord（スモーガスボード）と言う。「食べ放題の」は all-you-can-eat と言う。

シャーベット	sherbet

アラビア語で「飲み物」を意味する語が語源。water ice またはイギリスでは sorbet と言う。

プリン	a pudding

「プリン」は pudding の自然な発音（母音に挟まれた d が [r] のように聞こえ、語尾の g の音が脱落する）による。

ワイシャツ	a white (dress) shirt

「ワイシャツ」の「ワイ」は white の自然な発音による。

T シャツ	a T-shirt

広げた形が T の字の形になること由来する。

回転寿司	rotating conveyer belt sushi restaurant
ショウガ	ginger
わさび	wasabi

wasabi は OALD に掲載されているが、Japanese horseradish としてもよい。

まぐろ（すし）	tuna

すし用に slice されたものは tuna（不可算名詞）であるが、獲れたままでほぼ加工していない「まぐろ」は a tuna（可算名詞）とする。「まぐろのすし一貫」は a piece of tuna sushi であるが、場面によっては a tuna も可。

サーモン（すし）	salmon
ぶり（すし）	yellowtail
いか（すし）	squid
たこ（すし）	octopus
ひらめ（すし）	flounder
縁側（すし）	fin muscle
とろ（すし）	the fatty part of the tuna
ねぎとろ（すし）	minced tuna with chopped green onions

minced meat は「挽肉」という意味。

うなぎ（すし）	eel
あなご（すし）	conger eel
かに（すし）	crab

貝（すし）	shellfish

卵（すし）　　　　　　　　　omelet(te)

卵のみを溶いて焼いた「プレーンオムレツ」は、a plain omelet(te) と言う。

ソテー　　　　　　　　　　sauté

軽く炒めること。フランス語。

ムニエル　　　　　　　　　(à la) meunière)

粉をまぶして焼くこと。フランス語。

ポワレ　　　　　　　　　　poêlé

butter roasting とも言う。じっくり焼くこと。フランス語。

蜜柑　　　　　　　　　　　a tangerine (orange) / a mandarin (orange)

日本で一般的な種なしの「皮がむきやすい（loose skin）」品種（温州蜜柑）はイギリスでは a satsuma と呼ばれている。

陶磁器　　　　　　　　　　(a piece of) ceramic ware

a china とも言う。bone china とは牛の「骨灰（bone ash）」を混ぜた土を材料とするもの。

漆器　　　　　　　　　　　(a piece of) lacquer ware

a japanned piece とも言う。japan は「漆を塗る」という意味。

あやとり　　　　　　　　　a cat's cradle

石蹴り　　　　　　　　　　hopscotch

折り紙　　　　　　　　　　origami

説明のために、the art of paper folding としてもよい。

鬼ごっこ　　　　　　　　　tag

「鬼ごっこをする」は play tag と言う。【体育】の「鬼遊び」も参照のこと。

かくれんぼ　　　　　　　　hide-and-go-seek

ごっこ遊び　　　　　　　　a make-believe game

make believe は「ふりをする」という意味。授業内の活動として行う場合は a role-playing activity（ロールプレー活動）とも言う。

シール　　　　　　　　　　a sticker

ものに貼り付ける装飾用のラベル等は日本語では「シール」であるが、英語では a sticker（ステッカー）と言う。

家庭教師　　　　　　　　　a home tutor

塾　　　　　　　　　　　　a juku

小学生の通う「学習塾」は a tutoring school、「（大学進学）予備校」は a preparatory school と言う。口語では a cram school とも言うが、cram は「詰め込み式の勉強（をする）」という意味。

スマホ　　　　　　　　　　a smartphone

「携帯電話（a mobile phone、a cell phone）」でコンピューターと同等の機能を持つものを指す。smart の意味は「利口な、垢抜けた」がよく知られているが、ここでは「コンピュータ化された」という意味で、a smart card（買い物に用いる「IC カード」）などで用いられている。なお、日本語では「スマート」を「痩せた」という意味でも用いるが、英語にはこの意味はない（「痩せた」は slim を用いる）。

いわゆる「ガラケー」は「ガラパゴス（化した）携帯電話」の省略形で、日本国内を対象としたサービスを充実させた携帯電話をガラパゴス諸島の生物になぞらえている。英語では a feature phone と言う。feature とは、「機能、特性」という意味で、（通話以外の）機能が充実していることを示す。

アプリ	an application

an app と略すことがある。

5G	the fifth generation (of cellular networks)

携帯電話「第5世代」のこと。「1G（第1世代）」は1980年代のアナログ式音声通話機、「2G（第2世代）」は1990年代のデジタル方式でインターネット接続と「**文字メッセージ（a text message）**」の送信が可能なもの、「3G（第3世代）」は2000年代の「ブロードバンド（broadband. 広帯域の）」で大量のデータ通信が可能なものを指し、2010年代の「4G（第4世代）」ではさらに通信速度（communication speed）が速くなり、高速通信が可能になった。

SNS	social media

日本では「SNS」は a social networking service の頭文字語であるとされるが、英語ではそうは言わない。Instagram や Twitter、Facebook などのインターネット上のサイトを a social networking site と呼び、これを SNS とする説もあるが通常は頭文字語としない。

ホームページ	a website

a home page は幾層にも重なる a website（a web page とも言う）の最上位のトップページを指す。

ATM	an ATM

現金の預け入れと引き出しの両方ができる「現金自動預け払い機」のこと。an automated teller machine の頭文字語。teller は「（銀行の）出納係」を意味する。現金を引き出す機能のみを持つ場合は a cash machine（もしくは a cash dispenser）と言う。

QR コード	a QR code

quick response の頭文字語。日本の企業が開発したもので、データ容量に応じて数種類ある。

キャッシュレス決済	a cashless payment

「クレジットカード（a credit card）」や「デビットカード（a debit card。支払い金額が銀行口座から即座に引き落とされるカード）」がキャッシュレス決済の中心であったが、現在では「QR コード決済（QR code payment）」が普及してきた。credit は貸借対照表の「貸方」、debit は「借方」を意味する。

電子マネー	electronic money

「暗号資産」は cryptocurrency と言う。

交通系 IC カード	a prepaid card for transportation

シンガポールでは EZ-Link、ロンドンでは Oyster、トロントでは PRESTO、シドニーでは Opal と呼ばれる交通プリペイドカード（a prepaid card）がある。

クラウド	the cloud

ネットワーク上のどこかにあるものを「雲（cloud）」に例えたという説がある。

クラウドファンディング	crowdfunding

クラウドは「雲」ではなく「大衆、群衆」の crowd であり、そこから資金を調達することを意味する。

サブスク	subscription

サブスクとは「サブスクリプション（subscription）」の省略形で、「定期購読」や「定期契約」という意味。従来は新聞や雑誌などを対象としたが、近年では家電製品や自家用車などにも対象範囲が広がっている。「レンタル（rental）」が短期間であるのに対し、「サブスク」は長期的であることが多い。

SIMカード	a SIM card

SIM とは subscriber identity module の頭字語で、SIM カードは、携帯電話番号と加入者情報の記録されたメモリーカードを指す。いわゆる「格安 SIM」は MVNO（a Mobile Virtual Network Operator、大手通信事業者の通信設備を借用して運用する「仮想移動体通信事業者」）が提供する SIM カードである。

Wi-Fi	Wi-Fi

WiFi とも記す。無線 LAN の通信規格の一つで、商標名。

普通科高校	a general senior high school
商業高校	a commercial senior high school
農業高校	an agricultural senior high school
工業高校	a technical senior high school
総合高校	a comprehensive senior high school

普通科と職業科の総合という意味。

単位制高校	a credit-system senior high school
定時制高校	a part-time senior high school
通信制高校	a correspondence-course senior high school
工業高等専門学校	a college of technology

国立～高専は National Institute of Technology、～ College と称する。

短期大学	a junior college

日本では college は「短大」や「高専」の英語名に用いられているが、アメリカでは「4 年制大学（a four-year university）」の正式名称が ～College である場合もある。それらは主に「リベラルアーツカレッジ（a liberal arts college）」と呼ばれ、比較的小規模な私立大学で、研究よりも教育に重点を置く（すなわち大学院を併設しない）ことが多い。また、アメリカでは「総合大学（a university）」の「学部（または研究科）」を a college と言う場合もあり、 community college と呼ばれる「2 年制公立大学」もある。イギリスではオックスフォード大学（the University of Oxford）などで少人数個別指導を中心とする「学寮」のことを ～ College と称する。

専門学校	a professional school

a vocational school、a career school とも言う。

文学部	a faculty of literature

a faculty of letters とも言う。大学の「学部」は faculty、「学科」は department と言う。

外国語学部	a faculty of foreign languages
教育学部	a faculty of education
法学部	a faculty of law
経済学部	a faculty of economics
理学部	a faculty of science
工学部	a faculty of engineering
医学部	a faculty of medicine

アメリカでは医学部は a medical school と呼ばれ、4 年制大学卒業後に進学する。

| 獣医学部 | a faculty of veterinary medicine |

アメリカでは獣医学部は a veterinary medical school と呼ばれ、4年制大学卒業後に進学する。

| 看護学部 | a faculty of nursing |

| 大学院 | a graduate school |

アメリカでは法律専門職養成の大学院を a law school と言い、ビジネス専門職養成の大学院を a business school と言う。

| スパイクタイヤ | a studded tire |

a stud は「鋲」で、studded は「鋲のついた」という意味。

| スタッドレスタイヤ | a studless tire |

「鋲（stud）のついていないタイヤ」という意味。

| ハイブリッド | a hybrid |

ガソリンエンジンと電気モーターの両方を動力源とする車両を指すことが多いが、一般的には、異なったものが組み合わされてできたものを指す。もとは「交雑種」という意味で、この意味での反意語は a thoroughbred「（動物の）純血種」。

| ドライブレコーダー | a dashboard camera |

「車のダッシュボードに取り付けられたカメラ」という意味で、a dashcam とも言う。ドライブレコーダーは和製英語。

| 観光バス | a tour bus |

公共交通機関としての「乗り合いバス（a bus）」ではなく、団体旅行等に用いる大型乗用車（いわゆる「観光バス」）は a motor coach と言う。

| マイクロバス | a microbus |

イギリスでは a minibus と言う。

| 普通列車 | a local train |

| 急行 | an express train |

| 特急 | a super-express train |

「特急」は「特別急行」の省略形。日本では a limited express という表現をよく見かけるが、これは「限定的な急行」という意味なので「ある限定された区間だけ急行となる」（鉄道事業者によっては「区間急行」という設定がある）という誤解が生じる可能性がある。a limited express が日本で「特急」という意味で用いられるようになった経緯は不明であり、和製英語に分類してもよいのかもしれない。なお、海外の鉄道では「車内放送（an announcement）」は殆ど無い。

| 新幹線 | the Shinkansen |

説明のために a bullet train（弾丸列車）もしくは a super-express と言うこともあるが、英語でそのまま用いられる。個々の列車は a Shinkansen train と言う。新幹線とは「在来線（a conventional line）」とは別に建設した「新しい幹線（a new trunk line）」である。

| 指定席 | seat reservation |

「指定席券」は a seat reservation ticket と言う。

| グリーン車 | a first-class car |

説明のためには「一等車」を意味する a first-class car を用いる。国鉄（JR の前身）ではかつて一等車から「三等車（a third-class car）」まであったが、1969年より「普通車（an ordinary car）」とグリーン車（Green Car）になった。一部新幹線にはさらに上位の グランクラス（GranClass）が導入されて

いる。グランは英語の grand に相当するラテン語語源の外国語の単語をもとにしたもので、「堂々とした、雄大な、豪華な」という意味。コーヒー店などで用いられるグランデ（grande）はイタリア語。古くから英語に存在する great も同じ意味。

優先席	a priority seat

グランド・ホステス	ground staff

日本では一般にグランド・ホステス（a grand hostess?）と言われているが、これは「偉大なホステス」という意味になる。「地上勤務」の意味では grand ではなく ground を用いる。a ground crew member とも言うが、これは ground staff だけでなく「整備士（an airline mechanic）」を含めたすべての地上係員を指すこともある。カウンター業務従事者を指す場合は a check-in counter agent とする。

シー・エー	cabin crew

日本では「客室乗務員」をキャビン・アテンダント（a cabin attendant）とし、その頭文字語として C.A. を用いることが多いが、英語圏では cabin crew という。

テレワーク	working from home

「在宅勤務する」という意味の動詞に telework や telecommute がある。

時差出勤	staggered commuting

staggered は「互い違いに置かれた、ずらされた」という意味。類似のものに、週や月ごとの単位期間当りの勤務時間を自由に設定する flextime（「フレックスタイム」もしくは「変形労働時間制」と訳す）がある。

アルバイト	a part-time job

「（アル）バイト」はドイツ語の Arbeit（労働）に由来する。「コンパ（ドイツ語の「仲間」という意味の Kompanie が由来とされる。英語では a party と言う）」と同様、戦前の大学生の隠語とされる。「（アル）バイトをする」は work part-time と言う。a full-time job（常勤職）の対義語。a full-time job がありながら別の仕事で賃金を得ている場合も日本では「（アル）バイト」と言うが、英語では a second/side business などと言う。

パート	a part-time job

日本では一般に「（アル）バイト」は主に学生・生徒などが時間決めで就業することを指し、「パート」は学生でない場合を指すことが多いが、英語では区別しない。「パート労働者」は a part-time worker と言う。

フリーター	part-timer

「フリーター」は英語の free（自由な）とドイツ語の Arbeiter（労働者）を由来とする和製英語。「（アル）バイト」にしろ「パート」にしろ何らかの「本業（a main job）」（学業や家事を含む）がある場合の「副業（a second job）」であるが、「フリーター」は定職（a steady job）を持たずに a part-time job だけに就いている人を指す。何らかの目的達成のために訓練・修行中の人々が生活資金を得るためにこういった就業形態をとる場合があるが、その際はその訓練・修行中のことがらが（賃金の発生にかかわらず）本業になるので英語的には a part-time job と同じであるとも考えられる。なお、厚労省は「フリーター」を 15 歳から 34 歳までの学生と主婦を除く a part-time worker と定義し、a part-time worker としての就業意思を持っている人も含めている。「無職・失業者」は an unemployed/a jobless person と言う。

派遣社員	a temporary worker from a staffing agency

a staffing agency は「派遣会社」という意味。

頭金	a down payment

下取り	trade-in

すだれ	a reed screen

reed は「葦」のこと。

シャワートイレ	a shower toilet

a bidet toilet とも言う。「ウォシュレット」は温水洗浄便座の商標名。

リフォーム	renovation

remodeling とも言う。reform は「(政治などの) 制度の改革」という意味。

試行錯誤	trial and error

*try and error は誤用。

マンション	an apartment

「分譲マンション」は a condominium とも言う。英語の a mansion は「豪邸」の意味。「ワンルームマンション」は a studio apartment と言う。

一戸建て	a detached house

割り勘にする	split the check

日本語の「割り勘」(「割り前勘定」の略) は、飲食代金の支払いなどで、①合計金額を均等割りにすること、②自分の消費分を自分で払うこと、の意味があるが、英語で「割り勘にしよう」の意味で Let's split the check. と言った場合は②の意味となることが多い。(店側に割り勘払いを依頼する場合は Please separate the check. などと言う。) なお、和英辞典には Let's go Dutch. という表現が出ていることがあるが、オランダ人に対する偏見に基づく表現であるという見解もあるので使用は避けた方がよい。「おごってあげる」は、It's my treat. もしくは It's on me. と言う。

ハロウィン	Halloween

主に北米で10月31日の夜に行われる行事。キリスト教以前のケルト民族が、秋の収穫に感謝すると共に先祖の霊を迎えた祭が起源であるとされる。墓所から先祖の霊と共にやってくる悪霊を追い払うために魔女などの仮装をしたとされる。北米では子供たちが Trick or treat. (「いたずらをされたいのか、それとももてなしをするか」すなわち「お菓子をくれなければ、いたずらするよ」という意味) と言いながら近所の家を巡る。オレンジ色のカボチャ (pumpkin) をくり抜いて作った顔型のランタン (jack-o'-lantern) を飾る。

ノエル	Noel

フランス語の Noël はクリスマスの意味。ブッシュドノエル (bûche de Noël) は「クリスマスの薪」という意味で、太い木の枝を模したクリスマスケーキを指すが、薪を燃やして暖をとったことに由来する。クリスマスは Christ (キリスト) の mass (ミサ) という意味で、ギリシア語での表記が X で始まることに由来して Xmas (X'mas は誤り) とも記す。

バレンタインデー	St. Valentine's Day

日本では女性から男性へ (近年では女性から女性へも) チョコレート等を愛情や友情のしるしとして贈る習慣が定着しているが、もとは製菓業界が売り上げ促進のために始めたものとされる。アメリカのキリスト教文化圏では、この日に男女双方向や家族間でチョコレートに限らずいろいろな物を贈る習慣がある。

ホワイトデー	White Day

日本ではバレンタインデーに女性からチョコレートを贈られた男性が返礼として菓子類や装身具を贈る習慣であるが、欧米などにはない。日本の製菓業界が提案したとされる。

リベンジ (する)	(take on a) challenge again

「再度チャレンジする」という意味。revenge は「苦痛を与えられたために、その苦痛を与えた人に苦痛を与えるためにする行為や、スポーツの雪辱戦」(OALD) のことで、前者は「復讐」という意味。

リスペクト（する）　　　　　admire

「感服する、感心する」という意味。respect は re-（再び）-spet（見る）という意味で「価値を認める」ことを指す。その上で敬意を表す場合は admire を用いる方がよい。

レジリエンス　　　　　resilience

「適応力、困難に打ち勝つ力」という意味で用いられるが、もとは「弾力、回復」という意味。

西暦　　　　　the Western calendar

西暦はキリスト（Jesus Christ）の生誕を基準にしているので、その生誕前（紀元前）は Before Christ（BC、もしくは B.C. と記す）、生誕後（紀元後）は「主キリストの年」という意味のラテン語 Anno Domini（AD、もしくは A.D. と記す）を用いるが、宗教的中立のために紀元前を BCE（Before the Common Era の頭文字語）、紀元後を CE（Common Era の頭文字語）とする表記もある。

元号　　　　　an (imperial) era name

「和暦」は the Japanese Calendar と言う。

閏年　　　　　a leap year

2月29日を「閏日（leap day）」という。閏年は4年に1回ではなく400年間に97回であり、4で割り切れても400で割り切れない年は閏年ではない。これは、4年に1回1日増やした場合1年が365.25日となり、実際の公転周期である約365.2422日との差を解消する必要があるためである。したがって、2100年は「平年（a common year）」である。leapは「飛び越える（こと）」という意味であるが、平年の場合、翌年の同月同日は曜日が1つずれるが、閏年の2月29日以降はさらに一つ「飛び越えて」曜日が2つずれるからであるとする説がある。

年齢　　　　　age

「年齢計算ニ関スル法律」の解釈では、誕生日の前日の終了時点である午後12時（誕生日の午前0時と同時刻）をもって1歳加算されることになっており、そのため4月1日生まれの子どもは3月31日のうちに年齢が一つ上がるので、6歳の誕生日の前年度に小学校入学となる。かつては数え年（生まれた時を1歳とし、その後正月が来る度に1歳ずつ年齢が増す数え方）を用いていた。

成年　　　　　the (age of) majority

majority は「大多数」という意味もある。多くの国（日本は2022年4月1日から）で成年年齢は18歳である。アメリカは成年年齢は18歳だが、「飲酒年齢（drinking age）」は21歳の州が多く、イギリスは18歳、カナダは州によって18歳か19歳である。未成年は minority と言う。

還暦　　　　　the sixtieth birthday

還暦とは60歳の誕生日のことであるが、十干（じっかん。the ten stems）と十二支（the twelve branches）の組み合わせが60年で一巡することに由来する。「還暦祝い」は、a celebration to mark the completion of the sixty-year chronological cycle と説明できる。

都市伝説　　　　　an urban legend

住民票　　　　　a certificate of residence

戸籍謄本　　　　　a copy of the family register

「抄本」は a partial copy of～という。

印鑑登録　　　　　seal registration

一般的に「印鑑を押す、印鑑を持参」のように用いられるが、文字などを反転して刻み込んだ硬質素材の道具が「印章」であり、印章の刻印が正転して紙等に転写されたイメージが「印影」であり、それを銀行や役所などに登録したものが「印鑑」である。英語の seal はスタンプで押したものだけでなく、紙や封筒の上に溶かしたロウを垂らし、sealer で立体的なイメージを形成したものを指す。

学歴主義　　　　　　　　　a meritocracy

meritocracy は「能力主義、実力主義」という意味。欧米では学歴も能力の一つと考えられており、「世襲 (hereditary)」制度の反対概念として捉えることが多い。「学歴」を強調したい場合は an academic meritocracy と言うことができる。日本では「学歴主義」が「能力主義」の反対概念として用いられるが、この場合「学歴偏重主義 (extreme emphasis on academic background)」という意味で用いられていることが多い。

年功序列制　　　　　　　　a seniority system

senior は「年長の」という意味。日本では「新卒一括採用 (collective employment of the newly graduated)」され、「定年 (the retirement age)」まで同一企業で勤務する形態が多い。これに対して欧米では新卒一括採用はほとんどなく、職種・ランク別の採用が多い。小中学校や高校の校長は、日本では教職経験の長い年長者が就任することがほとんどであるが、欧米では「校長」としての募集が行われ、採用条件に適合すればたとえ若年者でも任用されるシステムである。

第 21 章　地域の人々

学校を取り巻く地域の人々に関すること

自治会	a residents' association
自治会長	the chairperson of the residents' association
自治会役員	an official of the residents' association

member of the residents' association board、a residents' association council member とも言う。

学童保育	after-school childcare facility
学校医	a school doctor
旗当番	crossing patrol

crossing は「横断」という意味。

ボランティア	a volunteer
社会福祉協議会	a social welfare council
青少年健全育成会	a youth health and development association

health は「心と体の健康」を意味する。

民生委員	a neighborhood welfare commissioner

第 22 章　家族

親族の呼び方

父方の	〜 on the father's side、paternal 〜
母方の	〜 on the mother's side、maternal 〜

おじ　　　　an uncle
英語では年の上下を区別しないので、必要に応じて uncle who is younger（叔父）/older（伯父）than one's father or mother と説明する。

おば　　　　an aunt
英語では年の上下を区別しないので、必要に応じて aunt who is younger（叔母）/older（伯母）than one's father or mother と説明する。

おおおじ　　　　a great-uncle
両親のおじ。祖父母の兄弟。大伯父、大叔父の違いは祖父母よりも年上か年下かである。

おおおば　　　　a great-aunt
両親のおば。祖父母の姉妹。大伯母、大叔父の違いは祖父母よりも年上か年下かである。

曽祖父母　　　　a great-grandfather/mother
祖父母の父母のこと。

高祖父母　　　　a great-great-grandfather/mother
曽祖父母の父母のこと。

曽孫　　　　a great-grandchild
「ひまご」とも言う。

玄孫　　　　a great-great-grandchild
「やしゃご」とも言う。

いとこ　　　　a (first) cousin
父母の兄弟姉妹の子。祖父母が共通。cousin には「親類・縁者」という意味もある。「従兄弟、従姉妹」は男女別だけでなく、年齢の上下も表している。

またいとこ　　　　a second cousin
父母がいとこである人の子。祖父母が兄弟姉妹で、曽祖父母が共通。「はとこ」、「ふたいとこ」とも言う。

またまたいとこ　　　　a third cousin
祖父がいとこである人の子。曽祖父が兄弟姉妹で、高祖父母が共通している。

いとこ違い　　　　a first cousin once removed
父母のいとこ、または、いとこの子ども。twice removed は「いとこの孫」のこと。

甥　　　　a nephew
自分の兄弟姉妹の子（男）のこと。

姪　　　　a niece
自分の兄弟姉妹の子（女）のこと。

大甥　　　　a grandnephew
甥の子（男）のこと。

大姪　　　　a grandniece
姪の子（女）のこと。

義父	a father-in-law
配偶者の父のこと。	

義母	a mother-in-law
配偶者の母のこと。	

継父	a stepfather
実父でない母の夫のこと。	

継母	a stepmother
実母ではない父の妻のこと。	

義兄弟（姉妹）	a brother-in-law/sister-in-law
配偶者の兄弟姉妹のこと。	

異父（母）兄弟（姉妹）	a stepbrother/stepsister
父母のどちらかが共通の兄弟姉妹。a half-brother (sister) とも言う。	

親類	a relative

日本語の「親類（親戚）」は本人の家族以外を指すが、英語の a relative（a relation とも言う）は両親や兄弟姉妹を含む。そのため、a close relative（近い親類）や a distant relative（遠い親類）は日本語のニュアンスとは異なる場合がある。

付録　カタカナ語、和製英語と英語

カタカナ語、和製英語と英語

１．はじめに

　日本語の中には、カタカナで表記されることばがたくさんある。それらのほとんどは外来語で、英語を起源とするものが大部分である。しかし中には、一見して英語起源のように思えるものが実はそうでない場合もある。それらはいわゆる和製英語か、もしくは英語以外の外国語を起源とするものである。本稿では、われわれが日常的に使用しているカタカナ表現をいくつか挙げ、英語ではどのように表現するのかを確認していきたい。また、外来語の流入は他言語から日本語への一方通行ではなく、日本語から英語に入った表現も多々存在し、意外な日本語表現がそのまま英語でも通じることがある。こういった「世界で活躍する日本語」についても紹介したい。

　本稿で取りあげたカタカナ語は、日頃の学生たちとの会話の中で出てきた「ところで〜ってそのまま英語で通じるのですか」という素朴な疑問や、学校や家庭で日常的に用いられるものを中心に選定した。英語学習の意外な盲点に気づいていただければ幸いである。

２．日本にやってきたあるアメリカ人留学生の驚き

　次の文は、日本にやってきたアメリカ人留学生の驚きである。

- ・日本人の友達が、"I like to eat [シュークリーム] and [クリームパン]." って言っていたけど、ウソでしょう！食べものじゃないよ！
- ・"Do you like [ピーマン]？" って聞かれたけど、困るなあ！君はまさかそんなことしているの？国によっては逮捕されるよ。
- ・"His father is a famous [コック]." って、コックは料理なんてしないよ。料理されるほうじゃない？
- ・日本人の友だちに a free market に行こうって誘われたけど、それって行くところじゃないんじゃないの？もしかしたら、みんな無料ってことかな？
- ・昨日初めてテレビでベースボールの試合を見たんだけど、フォアボール？デッドボール？何のこと？

　これらはもちろん架空の話であるが、学生たちと外国人との会話を元に構成したものである。これらの中には、英語起源ではない外来語や、日本で英語を元にして作られた和製英語の表現や、英語を起源としない外来語が入っており、当然のことながら英語のネイティブ・スピーカーには理解できない。われわれは日常的にこのような誤りを知らず知らずのうちに犯してはいないだろうか。

3．外国語・外来語とカタカナ語

　先の例でもわかるように、日本語には外国語起源のことばがたくさんあり、その多くはカタカナで表記される。その中には英語をもとにしているが日本で独自に考え出された表現（和製英語）もあり、これらは当然のことながら、外国人に理解してもらえない。『大辞泉』によれば、「外国語」とは、外国の言語やその語彙を指し、「外来語」は、「他の言語から借用し、自国語と同様に使用するようになった語」で、「広義には漢語も含まれるが、狭義には、主として欧米から入ってきた語」で、「現在では一般的にカタカナで表記される」とある。本稿ではカタカナ語を「カタカナで記される外国起源の語」と定義し、漢字やひらがななどで表記している外来語も特例としてとしてその中に含めることとしたい。

　では、日本語の中にはどのようなカタカナ語が存在するのだろうか。このことに関しては、山田（1995、2003）などに詳しいが、それらを参考にしつつ本稿では次のように分類したい。

(1) 発音に注意すれば英語でそのまま通じるカタカナ語。（例えば「コンサート」など）

(2) 一部省略されていて英語ではそのままの形では通じないカタカナ語。（例えば「コンビニ」など）

(3) 英語らしく聞こえるが、それに相当する事物が英語には存在しない、それゆえ曲解される可能性が大きいカタカナ語。（例えば「シュークリーム」など）

(4) 聞いたままの音声をそのまま転写したカタカナ語。英語では通じないような印象があるが、実はそのまま通じるカタカナ語で、(1) ほど厳密に発音に注意する必要のないもの。（例えば「プリン」など）

(5) 英語が起源ではないので英語では通じないカタカナ語。英語を話す際には当然のことながら正しい英語の表現に直す必要がある。（例えば「エネルギー」など）

4．いろいろなカタカナ語

　では、実際にどのようなカタカナ語が存在するのか、実例をあげて検討していきたい。

問題1　次の文中のカタカナ語を英語で通じる形に直して下さい。

「私がパソコンを本格的に使い始めたのは今から30年ほど前の1990年代だが、今とは比べられないほど高価だった。20年ほど前から普及し始めたデジカメやカーナビのようなハイテク機器も同様だった。その当時の携帯電話にはワンセグの機能も付いていた。」

　まず、「パソコン」は、a personal computer の省略形であるから当然通じない。日本語には四文字に短縮する例が多い。例えば「ラジカセ（a radio cassette recorder/player）」、

「エアコン（an air conditioner）」、「デジカメ（a digital camera）」、「エンタメ（entertainment）」などがある。「カーナビ」は、単に「ナビ」と呼ばれることもあるが a car navigation system である。「ハイテク（high-tech）」は名詞 high-technology の短縮形であるが、形容詞としてのみ用いられる。「ワンセグ」は地上デジタル放送の12セグメントのうちの一つのセグメントを用いた携帯端末用の放送電波である。英語では one-segment broadcasting と言う。

問題2　英語の表現を短縮してできたカタカナ語を指摘して下さい。
「友だちとの待ち合わせのためにホテルのフロントに近いところに座り、セレブの気分でクラシックを聴きながらアイスティーを飲みました。有名人と出会ったらツーショットも撮りたいので、お気に入りのブランドの服も着てきました」

「フロント」は、a front desk もしくは a reception desk と言う。the front と言えば「正面」のことになってしまい、待ち合わせの場所を間違えることになってしまう。「セレブ」は、a celebrity（名士）を短縮したものである。「クラシック（classic）」は「古典的な」という形容詞であり、the classics とすれば「古典（文学）」という意味なので、音楽であれば classical music とする必要がある。「アイスティー」は、「冷やされたティー」なので、過去分詞形を用いた iced tea が正しい表現となる。しかし実際には iced の語尾の [t] の音が tea の語頭の [t] の音と一体化するので発音は [アイスッティー] となり、結局は「アイス・ティー」でも発音上は問題ないことになる。

「ツーショット」は、日本語では「二人だけで撮った写真（もしくは写真を撮る）」の意味で用いることが多いが、英語の two shot の意味は「（映画などで）2人だけのシーン」である。この場合英語では a picture together with〜（〜と一緒の写真）としなければならない。「ブランドもの」は、brand-name goods が正しい表現である。ちなみに brand は、家畜の所有権を明確にするために押した「焼き印」が元の意味である。

問題3　次のカタカナ語の中で英語でもそのまま通じるものを指摘してください。
「私の住んでいる7階建てのマンションの裏には高校のグランドがある。ナイター照明のある立派なものだ。普段はトレーナーを着て練習しているが、今日は試合なのでユニホームを着ているようだ。見ているとフォアボールとデッドボールが多いようだし、ショートはゴロをうまく捕れないようだ。もっと真剣に練習しないとだめだな。あっ、またミスをした! ドンマイドンマイ。おや、すぐ隣でサッカー部がシュート練習を始めたようだ。球が飛んできたら危険だな。」

まず「マンション」である。英語にも a mansion という語は存在するが日本語と意味合

いが異なる。高層建築の「マンション」は、an apartment house または a condominium（省略形は a condo）である。英語の a mansion は「大邸宅、豪邸」という意味である。日本には「ワンルームマンション（英語では a studio apartment と言う）」というものが存在するが、一部屋しかない mansion など存在するはずがなく、言語用法上の矛盾として外国人が首を傾げるもののひとつとなっている。

次の「グランド」であるが、この場合は ground（グラウンド）とすべきで、grand（壮大な）とは区別しなければならない。筆者の前任校で、ある女子学生が英会話の時間に「将来、地上勤務の航空会社職員になりたい」という意図を英語で表現する際に "I want to be a grand（偉大な）hostess." と言ってしまい、担当の英会話講師は反応に窮したとのことであった。日本では「グランドホステス」という表記は普及しているが、英語では ground staff が一般的である。

「ナイター」は和製英語の典型で、正しくは a night game である。ところが、『研究社和英大辞典(第5版)』の「ナイター」の項目には a nighter とも記されており、和製英語が英語に逆輸入されたかのような印象を受ける。しかし、身近にある英米の辞書の項目には見当たらないし、奇妙なことに同じ出版社の『新和英中辞典(第5版)』には記されていない。なお、英語には「終夜営業（する人）」という意味の an all-nighter という表現は存在する。

「トレーナー」は、日本語では運動用の衣服の意味で用いられることが多いが、英語では動詞 train（訓練する）の派生語で「訓練する人」すなわち「コーチ」という意味である（「運動用の靴」という意味もある）。運動用の服は a sweat suit（a sweatshirt と a pair of sweatpants から成る）である。「ユニホーム」は、a uniform であるから、正しくは「ユニフォーム」である。日本語には [f] の音がないため [h] で置き換えることはよく起こり、「（駅の）ホーム」も正しくは a platform である。

フォアボールとデッドボールも和製英語の典型で、これまでにもいろいろな文献で取りあげられてきた。英語では「フォアボール」で一塁に出ることを（get）a walk と言う。*Oxford Dictionary of English* には、a walk の意味として「ストライクゾーンの外に投げられた四回の投球（four balls）を打たなかった場合に自動的に一塁に行くこと」と説明されており、結果として一塁まで「歩く」から a walk なのである。「デッドボール」は、be hit by pitch（a pitched ball）（投球に当てられる）と動詞で表現するのが一般的である。ただし、dead ball という用語自体は球技には存在し、「試合を中断させたボール」を意味する。ラグビーではゴールラインの後ろの線をデッドボールラインと言い、これを越えるとプレーが中断される。また、a dead ball を字義で解釈すると、「弾まなくなったボール」という意味になる。守備位置としての「ショート」は a shortstop、「ライト」「レフト」「センター」はそれぞれ right field、left field、center field であるが、野手を指す場合は、a shortstop、a right/left/center fielder としなければならない。「ゴロ」は a grounder

の訛りとされているが、「ごろごろ」という擬声語とも類似しているので、これが語源であるという説（『大辞泉』）もある。「ミス」はこの場合は a mistake ではなく an error とすべきである。ミスをした人を励ます際に用いる「ドンマイ」は Don't mind.（気にしないで）の各語の語尾の [t] と [d] の音が無声化されるという自然な発音の法則には叶っているが、Don't worry (about it). または Never mind. がよい。

「サッカー（soccer。イギリスでは一般的に football と呼ばれる）」の「シュート」は shoot とすれば「撃つ、発射する」という意味の動詞であるから、ここでは名詞の a shot を用いる。この他スポーツ用語では、陸上競技の「フライング」も和製英語で、正しくは a false start（不正なスタート）と言う。

問題4　次のカタカナ語は正しい英語では何と言いますか。
　「あの店はシュークリームとクリームパンがとても人気ですが、朝の時間帯はモーニングもやっていて、ゆで卵がサービスになります。フリーダイヤルで予約することも可能だし、夕方にはタイムサービスもあります。」

　本稿の冒頭にもあげた「シュークリーム」は、フランス語の chou á la crème を起源とするカタカナ語である。chou はキャベツを意味し、全体として「キャベツ型の菓子」という意味である。英語では a cream puff（puff は「ふわっとふくれたもの」という意味）または a profiterole と言う。シュークリームを無理やり英語の単語で表すと shoe cream となり、脇山(1985)も小林(1999)も「靴磨き用クリーム」を連想させるとしているが、「靴磨き用クリーム」の正しい英語表現は、山田(1995)も指摘するように shoe polish である。
　「パン」は、ポルトガル語の pao が語源のカタカナ語である。英語はでは bread（食パン）、a bun（丸いパン）などを用いる。a companion（仲間）という単語は、「パン（pan）を一緒に（com）食べる」という語源をもち、a company（会社）も同語源である。「クリームパン」は a custard bun である。ちなみに英語で a pan と言えば調理用の「なべ」という意味である。「モーニング（セット）」は、全国的にコーヒーショップ等で提供されるが、英語では a set breakfast や a morning special と言う。「モーニングサービス」と呼ばれることもあるが、英語で a morning service と言えば「(教会での) 朝の礼拝」である。その理由は、a service は「勤務、業務、交通機関などの運行、接客、点検、礼拝」の意味で、日本語の「サービス」が持つ「値引きしたり、おまけをつけたりすること」（『大辞泉』）の意味が無いからである。そのため、無料という意味での「サービス」は free～、「値引き」は a discount、「おまけ」は a (free) gift を用いなければならない。また、「フリーダイヤル」は、a toll-free dial/number である。最初にあげたアメリカ人留学生の a free market への戸惑いの理由は、a flea market（「蚤の市」、これもまた「フリマ」と短縮されることが

ある）を発音上の問題（と言っても [1] と [r] の区別が苦手な日本語母語話者にとってで
あるが）から free と誤解したものである。ちなみに、the free market とは「自由市場」と
いう経済用語である。「タイムサービス」も「スーパー（a supermarket）」でお馴染みで
あるが、これも和製英語で正しくは a limited-time special（時間を限定して特別価格を設
定した商品）と言う。同じく冒頭にあげた「ピーマン」もシュークリーム同様フランス語の
piment が起源である（但し piment は赤色である）。英語では、a bell pepper または a
green pepper と言う。もし仮にピーマンを英語に存在する単語で強引に置き換えれば a
pee man となってしまう。pee は、piss（俗語で「おしっこ（をする）」の意）を頭文字 p
だけで表した婉曲語であるから、これに man がつくと...これを聞いた外国人が戸惑った
のも無理はない。

問題5　次の車に関するカタカナ表現で、英語でもそのまま通じるものを選んで下さい。
ナンバープレート、オートマ、ステアリング、ドアハンドル、フロントガラス、リアウ
インドー、ルームミラー、ドアミラー、エアコン（クーラー）、ウインカー、ヘッドラ
イト、ストップライト、トランク、ガソリンスタンド、ハイオク、パンク、ハイウェイ

自動車に関する用語も野球用語と同様、和製英語が沢山ある。典型的なものは「ハンドル」
と「バックミラー」であるが、今日の自動車のカタログ上ではほとんど見られない。自動車
に関係する用語は、アメリカ英語（以下[米]と表示）とイギリス英語（以下[英]と表示）で
表現の異なるものがいくつかある。アメリカからの情報が圧倒的に多いので、一般に和製英
語と思われているものが実はイギリス英語の表現であったり、意外なものが和製英語であっ
たりする。前者の例としては「ナンバープレート」があげられる。[米]では the license
plate というが、[英]では the number plate である。同じ例として「ボンネット」は[米]
では the hood であるが、[英]では the bonnet である。「ウインカー」も同様で、[米]
では the blinker であるが、[英]では略式ながら the winker も使える（『ジーニアス英和
大辞典』）。ちなみに wink も blink も共に「まばたき」であるが、同辞典によれば wink は
何かの合図を送るために意図的に行うまばたき、後者は無意識に行うものであるとのことで
ある。その点からは意図的に曲がる合図を送るわけであるから the winker の方が理に叶っ
ていそうである。逆の例は「トランク」である。[米]では the trunk でよいのだが（英）
では the boot となる。従って、イギリスの空港でタクシーに乗る際に「Open the trunk.（ト
ランクを開けてください）」と言えば、手荷物のスーツケースを開けられるかもしれないの
である。筆者は実際にイギリスのある地方都市でうっかり the trunk と言ってしまい、運転
手に唖然とされた経験がある。話は逸れるが、もう一つのイギリスでの筆者の失敗談は、地
下鉄（[英]では the underground）のことをうっかり the subway と言ってしまうことが

何回もあったことである。the subway は［英］では「地下道」の意味で、a subway to an underground station（地下鉄の駅に通じる地下道）のように用いる。さらにやっかいなことに［米］では an underground（walkway）が「地下道」なのである。下の写真はロンドンで撮影したものである。subway と underground が並んで表記されているので、一見するとアメリカ英語の使用者に対する配慮のように思えるが、実はそうではなく、「地下鉄（the underground）の駅に行くための地下通路（a subway）の入り口」という意味である。

ロンドンにて筆者撮影（2010年8月）

　さて、その他の自動車用語であるが、「オートマ」は、an automatic transmission の省略形である。「ハンドル」は最近では見かけない表現で、「ステアリング」に取って代わっている。しかしこれも正確には a steering wheel である。a handle は「取っ手」の意味で、a door handle（ドアハンドル）のように用いる。ちなみに自転車（a bike）やバイク（a motorbike）の棒状のハンドルは handlebars と言う。「フロントガラス」は a windshield であるが、「リアウインドー」はそのまま a rear window でよい。ハンドルと同様、最近カタログ上では使われなくなった表現に「バックミラー」がある。自動車に取り付けられている鏡には「ルームミラー」、「ドアミラー」、「バニティーミラー（サンバイザーの内側にある化粧用の鏡）」があるが、この中で英語でも通じるのは「バニティーミラー（a vanity mirror）」だけである。「ルームミラー」は a rearview mirror、「ドアミラー」は一見正しい英語のように思えるが実は a wing mirror［英］または a side mirror［米］と言う。

　「ガソリンスタンド」は gasoline の短縮形である gas を用い、スタンドではなく station を用い、a gas station とする。「ヘッドライト」は a headlight もしくは a headlamp であるが、「ストップライト」は、a stoplight とすれば「赤信号」の意味もあるので、a brake light が一般的である。（アメリカ英語の辞書である *Longman Advanced American Dictionary* には、stop light は「赤信号」という意味のみ掲載している。）「エアコン（an air conditioner）」や「ハイオク（high-octane gas）」は短縮形である。「クーラー

（a cooler）」は「保冷箱」もしくは「冷却器」である。「パンク」は「穴をあける、パンクさせる」という意味の動詞 puncture の短縮形である。（「鍼治療」を意味する acupuncture の中にもこの単語が入っている。）「パンクした」と言う場合、この動詞を受動態で用いて be punctured とするか、have a flat tire と言う。最後に「ハイウェイ（a highway）」であるが、これは「高速道路」（an expressway, a speedway, a motorway）ではなく、「幹線道路」を指す。一部には「ハイウェイ」の「ハイ」が high-speed（高速の）という意味であるいう誤解があるようだが、この場合の high は *Oxford English Dictionary* によれば、chief, principal, main（主要な）という意味で、同じ意味の表現に a high street（大通り）がある。

> 問題6　次のカタカナ語を正しい英語にするとどうなりますか。
> ・アイドル歌手のサインがほしいとき Give me your sign. でいいのかな？
> ・減量してスマートになりたいな。
> ・トランプしようぜ。
> ・昨日は一日中ゲームセンターでテレビゲームをした。
> ・シャープペンシルとホッチキスを買ってきてください。
> ・昨日はケーキバイキングで食べ過ぎておなかをこわした。
> ・パパ、サイダー飲みたいよー。
> ・果物をミキサーに入れてジュースを作りたいのだけど、コンセントはどこにある？
> ・フリーターをしながらミュージシャンを目指す若者がいる。

サインは名詞の a sign は「記号、合図」、動詞は「署名する」という意味で、捺印の代わりの「署名」という意味でのサインは a signature である。色紙等に記念に書いてもらう「サイン」は an autograph である。Give me your sign. では、「あなたのしるしを下さい」という意味になり、その意図がよくわからない。丁寧に May I have your autograph? と言うのが正しい。「アイドル歌手」は、an idolized（偶像化された）singer である。「スマート（smart）」は「頭がいい」という意味で、特に子供を褒めるときに使う。日本語では「スマート」を「痩せた」という意味で用いるが、その場合は slim を用いる。「トランプ」も一般的にカードゲームとして使われているが、a trump は「切り札」の意味で、「トランプ（のゲーム）をする」場合は play cards と言わなければならない。「ゲームセンター」は a game arcade（「アーケード」は商店街の「アーケード」と同じ）、「テレビゲーム」は a video game である。

「シャープペンシル（a sharp pencil）」は字義通り「とがった鉛筆」という意味になるので、この場合は a mechanical pencil が正しい。「ホッチキス」は a stapler である。「バ

イキング（Viking）」は「スカンジナビア人の海賊」のことであるが、その食事の形式を模したのが「バイキング料理」である。この形式は英語では a buffet という。日本では「ケーキバイキング」のように、「〜食べ放題」という意味で用いられるが、これは an all-you-can-eat 〜と言う。「サイダー（cider）」は、[英] では「リンゴ酒」を意味し、未成年は禁止である。「炭酸飲料」は (soda) pop と言う。

　「ジュース（juice は野菜や果物、肉の汁）」を作るための「ミキサー」は、a blender と言い、a mixer は「泡立て器」のような攪拌装置を指す。「コンセント」と発音する英単語 consent は「同意、承諾」という意味で、電気とは全く関係ない。『大辞泉』では a concentric plug（円形のプラグ）がその起源であるとされているが、a plug はコードの先端の差し込み部分のことで、壁の差し込み口のことではない。正しくは an electrical（もしくは a wall）outlet と言う。an outlet は「出口」のことで、「販売店」の意味もある。

　「フリーター」は free albeiter の短縮形であるが、英語の free と「働く」という意味のドイツ語 albeit の組み合わせに英語の接尾辞（-er）をつけた和製表現である。日本語では専らアルバイト的な仕事を行っている人といった意味であるが、英語では a part-timer である。「ミュージシャン（musician）」は発音上注意が必要である。日本語では語頭のミューを強く発音することが多いが、英語の正しい発音は第 2 音節（si の部分）に強勢が置かれる。同じことが museum にも当てはまる。

　　問題7　次の単語は英語の原音に近いものです。元の単語は何ですか。
　　・プリン
　　・ワイシャツ
　　・ラムネ
　　・レンタカー
　　・カツレツ

　「プリン」は pudding の発音としては原音に近い。母音に挟まれた [t] と [d] の音は [r] のような音になり、さらに語尾の g が無声化されるからである。water が ［ワラ］と聞こえるのと同じ現象である。T-shirt はその形状からその名が付けられたが、「ワイシャツ」は形からではなく a white shirt の原音に基づいている。white は [ホワイト] ではなく [ワイ] と発音されることが多い。それゆえ、厳密には白色のものだけが「ワイシャツ」である。
　「ラムネ」は lemonade である。lemon の n が ade の a と一体化して [nei] という音になったためである。「レンタカー」は rent-a-car の発音そのものである。「カツレツ（cutlet）」も原音に近いが、日本の「カツレツ」が肉をパン粉に付けて揚げた料理であるのに対し、英語の cutlet は「(肉の) 切り身」である。

問題8　次のカタカナ語は英語起源ではないものです。英語では何と言いますか。

・最近では赤と黒だけでなく色とりどりのランドセルがある。

・ビールをコップに注いで飲むのが面倒なのでラッパ飲みをした。

・アンケートによるとあの店のイクラ丼は高いけどおいしいんだ。でも少しお金が足りないのでカンパしてくれないか？君のノルマは300円だ。

・アルバイトでお金を貯めてゲレンデに行った。一日中滑ってとてもエネルギーを消耗したけど、まだ花粉の季節には早かったので、アレルギーにならなくてよかった。夜は小さなペンションに泊まった。

　小学生用の「ランドセル」はオランダ語の ransel（背嚢）が元になっている。英語では a backpack と言う。同じ背負うものでも「リュックサック(a rucksack)」はドイツ語起源である（ドイツ語では der Rucksack）。かつて京都に行った際に、小学生の集団がランドセルの形状をしているが皮革製ではなく軽い合成繊維素材の a backpack を背負っているのを見たが、その名称はなんとランリック（商標名）であった。まさにオランダ語とドイツ語の混成による日本語という造語である。「コップ」はオランダ語の kop で、英語は a glass である。なお、英語で a cop と言えば「警察官」の俗語表現である。「ビール（英語では beer [ビア]）」もオランダ語起源（bier）で、「ラッパ（英語では a bugle）」もオランダ語起源であるとする説がある。「ラッパ飲み」は比喩表現であるから、英語では「ビンから直接飲む」と表現しなければならない。冒頭にあげた「コック（料理人）」もオランダ語（kok）で、英語では a cook（もしくは a chef）である。英語で[コック]と発音する単語は a cock であり、これは「雄鶏」もしくは俗語で「男性器」のことである。

　「アンケート」も日常的によく使われる語であるが、もとはフランス語の enquête である。英語では質問紙等による調査は a questionnaire と言う。「イクラ」はひらがなで表記されることもあるがもとはロシア語であり、英語では salmon roe（roe は魚類の卵）である。同じく「カンパ」もロシア語（カンパニア）で、英語では「寄付」は a donation、「出資」a contribution、「募金」は a fund-raising campaign と使い分ける。このロシア語の単語と英語の a campaign とは同語源である。「ノルマ」もロシア語で、英語では a work assignment（仕事の割り当て）と表される。なお、「ノルマ」はラテン語の norma（定規、規範）に遡り、英語の normal（正常な）や norm（規範）と同語源である。この他日本でよく使われるロシア語起源のカタカナ語に「コンビナート」がある。英語で an industrial complex と言うが、a complex は「（いろいろなものから構成される）複合体」のことである。

　最後の文は主にドイツ語起源のものである。「フリーター」のところでも触れたが、「アルバイト」は「労働」という意味のドイツ語の Arbeit から来ている。日本語では「副業」の

意味で用いられており、ドイツ語の元の意味とは異なっている。英語では a part-time job となる。「ゲレンデ（元はドイツ語で「土地」を意味する Geleände)」は英語では a ski resort、「エネルギー（ドイツ語では Energie)」は英語でもよく似た綴りの energy であるが発音は[エナジー]で、「エネルギッシュ」もドイツ語起源で英語では energetic である。医学用語はドイツ語起源のものが多い。「アレルギー」は英語では an allergy [アラジー] であり、「ノイローゼ」は a neurosis [ニューロウシス] である。最後の「ペンション（宿泊施設)」はフランス語から来ている。ただし英語の a pension という単語は、第一音節強勢では「年金」、第二音節強勢で[パーンシオゥン]と発音すれば「小規模のホテル」となる。

問題9　次の文中にもとは日本語ではないものがあります。それを指摘して下さい。

・天ぷらをポン酢につけて食べたらどんな味がするだろう。

・雨の日に合羽を着て缶詰を買いに行った。

　天ぷらは「天麩羅」とも書くが『広辞苑』『大辞泉』ともに外来語であることを意識してか「テンプラ」とカタカナ表記である。ポルトガル語の tempero(調味料) が語源で、英語には日本語から tempura として入っている。(Oxford English Dictionary によれば英語での最初の使用例は 1920 年とされている。)「テンプラ」の説明として deep fried~ （揚げた~) を用いることもある。「ポン酢」の語源はオランダ語の pons(ポンス)で英語にはそれに相当するものがないので citrus-based sauce(柑橘類をベースとするソース) と説明することになる。「ポン酢」はその味から pons の語尾の s を「酢」と勘違いしたものとされ、こういった現象は言語学では異分析と呼ばれている。「合羽」や「缶」は漢字で表記することが多いが、それぞれポルトガル語の capa、オランダ語の kan （英語では a can) が語源である。「空き缶」は an empty can であり、「缶詰」は a canned food である。

5．英語に入った日本語

　日本で用いられているカタカナ語で本来の意味とは異なるものが沢山あるのはこれまでに見てきたとおりであるが、同じことが英語に入った日本語の表現にも当てはまる。筆者は平成19年の夏に1ヶ月ほどイギリスに滞在したが、その際に奇妙な新聞広告を見た。それは、black futon（黒いふとん）という品名であったが、どう見てもソファベッドなのである。英英辞典で futon を引いてみると、Oxford Dictionary of English には、"a padded unsprung mattress originating in Japan, that can be rolled up or folded in two（綿の入った、バネの入っていないマットレス)"とあるが、Oxford Advanced Leaner's Dictionary には、"Japanese mattress, often on a wooden frame, that can be used for sitting on or rolled out to make a bed（木の枠にはまっていて座ったり、広げてベッドに

して用いたりする)" という説明が掲載されている。(ソファベッドは a studio couch が一般的である。)

　では、英語に入った日本語の例をいくつかあげてみたい。よく知られているものとしては、日本食の ramen、udon、soba、sukiyaki、sushi、tofu、sake、tempura 等や日本人の発明である Shinkansen、karaoke、pachinko、rickshaw(人力車) など、日本発祥の武道関係で karate、judo、kendo、aikido、sensei(特に武道の師範)、娯楽・文化として enka、origami、shogi、go(碁)、kimono、futon、tabi、tatami、歴史に関するものとして Mikado、Shogun、Kamikaze などがあげられる。この他、juku(塾)、koban(交番)、karoshi(過労死)、salaryman(サラリーマン。a salaried worker、a white-collar worker とも言う)、kanban(生産システムとしての「看板方式」)、honcho(班長)、tsunami、bento(弁当)、satsuma(蜜柑)、sayonara(さよなら)、sokaiya(総会屋)、shiatsu(指圧。acupressure とも言う) などがある。比較的新しいものとしては、sudoku (数独。日本ではナンプレ (ナンバープレイスの省略形) とも呼ばれる)、moe(萌え)、otaku(おたく)、manga(漫画)、anime(アニメ) などが英語に入っている。ごく最近のものとしては、emoji(絵文字)、bokeh(写真を撮影する際に被写界深度を浅くし、焦点を当てた以外の部分をぼかす「ボケ」のこと) がある。

　このような例は、日本語に入ってきた英語起源の単語数には到底及ばないが、言語間の双方向の交流を示している。『小学館ランダムハウス英和大辞典 第2版』は付録として「日本語から借用された英語」を一覧表示している。

6. カタカナ語とのつきあい方

　いろいろなカタカナ語の例を見てきたが、カタカナ語の第一の役割は、それまでにない新しい概念・事物を紹介するということであり、第二の役割は、高級感を出すことができるということである。新しい概念をすべてカタカナ語を使わずに表現することは困難であるから、ある程度のカタカナ語の使用はやむを得ないことである。逆に、無理に日本語に言い換えることでかえって意味が不明確になってしまうことさえあり得る。

　次の例は、『外来語言い換え手引き』に示された日本語への言い換えであるが、言い換えた方がわかりやすくなっているものもあれば、そうでないものもある。

　　アカウンタビリティ→説明責任
　　インフォームドコンセント→納得診療
　　ケア→手当て
　　バックアップ→控え
　　マルチメディア→複合媒体

リテラシー→読み書き能力

リバウンド→揺り戻し

　日常的なものを高級なものに見せかける例として、ある４コマ漫画(秋月りす(2003)『どーでもいいけど』竹書房刊) の夫婦の対話を紹介したい。空欄に入る食べ物が何であるかお考えいただきたい。

　妻：今日の夕食はポークとキャベツのパンケーキよ。特製ソースとフィッシュフレーク
　　　をかけて召し上がれ。

　夫：なんかわからんがごちそうなんだな。

　妻：そんな感じするでしょ？じつは給料日前だから○○○○○だけなの。

　妻の最初の発話は、材料と食べ方をカタカナ語（英語）を多用して紹介しているだけであるが、いったい何を準備したのであろうか。何か高級な食べ物のように思えるから不思議である。実は空欄に入るのは「お好み焼き」である。このように、カタカナ語の使用によって高級なイメージを醸成させることができるが、あまりにも過剰にこの技法を用いると、かえって中身の無さをさらけ出してしまうので注意が必要である。

　カタカナ語をすべて排除してすべて日本語（漢字）で表現することや、すでに定着した和製英語をすべて正しい英語表現に直すことは非現実的で、円滑な意思伝達に支障を来すことにもなるが、やはりカタカナ語の過剰な使用は控えるべきであろう。また、英語学習という観点からは、山田(2003) も述べるように、カタカナの表現に出くわしたら、和製英語ではないかとまず疑ってかかり、英和・和英辞典そしてさらに英英辞典で常に意味を確認し、正しい英語の表現を確認する習慣を付けたいものである。その際には発音も確認したいものである。

参考文献

阿部一（1990）『カタカナ語の常識・非常識』東京書籍

伊藤健他（1991）『社会人のための英語の常識小百科』大修館書店

大谷泰照他（2002）『カラーワイド英語百科』大修館書店

小林忠夫（1999）『カタカナ語の正体』丸善ライブラリー

山田雅重（1995）『アメリカ人の知らない英語』丸善ライブラリー

山田雅重（2003）『カタカナ語あれこれ(下)』（中日新聞11月８日「みえ随想」）

脇山怜（1985）『和製語から英語を学ぶ』新潮選書

国立国語研究所「外来語」委員会（2006）『外来語言い換え手引き』ぎょうせい

この他多数のカタカナ語、外来語関係の文献を参考にした。また、語義や正しい英語の表現については、主に以下にあげる辞典（デジタル版を含む）を参照した。

『小学館ランダムハウス英和大辞典 第 2 版』（1994）小学館

『リーダーズ英和辞典』（1999）研究社

『リーダーズ・プラス英和辞典』（1994）研究社

『研究社英和大辞典(第 6 版)』（2002）研究社

『研究社和英大辞典(第 5 版)』（2003）研究社

『研究社新和英中辞典(第 5 版)』（2002）研究社

『オックスフォード・ドゥーデン図解英和辞典』（1983）福武書店

『プログレッシブ仏和辞典』（1993）小学館

『独和辞典』（1993）郁文堂

『羅和辞典（改訂版)』（2009）研究社

『大辞泉』小学館（1998）

『カナで引く外国語辞典』（1998）三省堂

『デイリーコンサイス　カタカナ語辞典』（1995）三省堂

『基本外来語辞典』（1990）東京堂出版

『カタカナ英語辞典』（1987）研究社出版

Oxford English Dictionary, 2nd edition (1989) Oxford University Press

Oxford Dictionary of English (2003) Oxford University Press

Oxford Advanced Learner's Dictionary (2000) Oxford University Press

Longman Advanced American Dictionary (2002) Longman

Oxford Latin Dictionary (1982) Oxford University Press

本稿は平成19年12月 8 日に行われた皇學館大学月例文化講座の内容を元に、「カタカナ語とのつきあい方―英語学習の観点から」と題して皇學館大学講演叢書第120輯『コミュニケーション力とは何だろう』の一章として平成20年 3 月31日に皇學館大学出版部より公刊したものであるが、同書が絶版となっているため、加筆修正の上ここに再録したものである。本文中では外国語での発音を便宜上カタカナで表記した。

索　引

こ

さ

す

せ

ひ

著者紹介：豊住　誠（とよずみ　まこと）

　1962年三重県久居市生まれ。1984年三重大学卒業、1986年兵庫教育大学大学院修了（英語教育学専攻）。1986年三重県立四日市高等学校教諭、1989年国立鈴鹿工業高等専門学校講師、1993年岐阜市立女子短期大学講師、1998年皇學館大学文学部講師を経て2007年より皇學館大学文学部教授。同大にて中学校・高等学校英語科教員免許取得のための「英語科教育法Ⅰ～Ⅳ」、小学校教員免許取得のための「英語科教育法」等を担当。主要著書として『タスクが開く新しい英語教育』（共訳、開隆堂）、『第2言語習得研究と英語教育の実践研究』（共著、開隆堂）、*Sunshine English Course*（共著、開隆堂）など。

英語校閲者紹介：クリストファー・メイヨー（Christopher M. Mayo）

　1973年アメリカ合衆国生まれ。1996年カンザス大学卒業、2013年プリンストン大学大学院博士課程修了。博士（東アジア学）。専門分野は日本文化史、日本中世史。1996年三重県立高等学校外国語指導助手、2013年ニューヨーク市立大学およびグリネル大学助教授、2014年皇學館大学文学部准教授を経て2020年より皇學館大学文学部教授。同大にて「皇学入門」、「日本文化史」、「Shinto English」等を担当。主要著書として『交錯する宗教と民族―交流と衝突の比較史』（共著、勉誠出版）、*Swearing Oaths and Waging War*（皇學館大学出版部）など。

「これ英語で何と言うの？」身の回りのモノ・コト

英 語 小 辞 典

令和4年9月25日　発行
本体価格　563円＋税

著　　者	豊住　誠
英語校閲	クリストファー・メイヨー
発 行 所	皇學館大学　出版部
	代表者　髙向　正秀
	〒516-8555　三重県伊勢市神田久志本町1704
	TEL　0596-22-6320
印 刷 所	株式会社オリエンタル
	〒510-0304　三重県津市河芸町上野2100
	TEL　059-245-3111(代)